María Inés Soldano Deheza

Guía Práctica
para
Padres

en

Primeros auxilios
y
Enfermedades de la infancia

EDITORIAL
ALBATROS

Coordinadora editorial: M. Eugenia Delía
Diseño editorial: Jorge L. Deverill
Ilustraciones: Tomás Deverill
Corrección: Cecilia Repetti y Diana Macedo
Fotografías Juanjo Bruzza: tapa, contratapa, páginas 4, 6, 8, 9, 11, 13, 15, 18, 22, 23, 26, 34, 47, 49, 53, 54 izq., 58, 65, 72, 81, 82, 83, 92, 94, 96, 98, 99, 110, 111, 115, 117, 118, 120, 121, 125, 126.

GUÍA PRÁCTICA PARA PADRES
EN PRIMEROS AUXILIOS
Y ENFERMEDADES DE LA INFANCIA
1ª edición - 5.000 ejemplares
Impreso en Latín Gráfica SRL.
Rocamora 4161 - Buenos Aires
Octubre de 2005

Copyright © 2005 by EDITORIAL ALBATROS SACI
J. Salguero 2745 5º - 51 (1425)
Buenos Aires - República Argentina
E-mail: Info@albatros.com.ar
www.albatros.com.ar

ISBN 950-24-1104-8

Soldano Deheza, María Inés
    Primeros auxilios y enfermedades de la infancia /
ilustrado por Tomás Deverill - 1a ed. - Buenos Aires : Albatros, 2005.
    128 p. ; 26x19 cm. (Crecer)

    ISBN 950-24-1104-8

    1. Primeros Auxilios I. Tomás Deverill, ilus. II. Título
    CDD 616.025 2.

A Nicolás, Juana, Cristóbal y Virginia, que son mi alimento diario,
A Inés, César, Marina, Juan, Ma. Eugenia, Carmela, Bautista y Mía,
A los médicos que hicieron posible este emprendimiento.

Advertencia

La intención de este libro es proporcionar a los usuarios la información necesaria para comprender mejor la salud de los niños, prevenir accidentes y aprender a actuar en caso de emergencias. Los datos contenidos en este libro **NO** deben utilizarse para reemplazar la consulta médica. Es necesario que el diagnóstico y el tratamiento de una enfermedad sea otorgado por un médico calificado.

Índice

Capítulo 1

Primeros auxilios y emergencias   9

Emergencias de la A a la Z   14

Capítulo 2

Enfermedades de la infancia   31

Apéndice

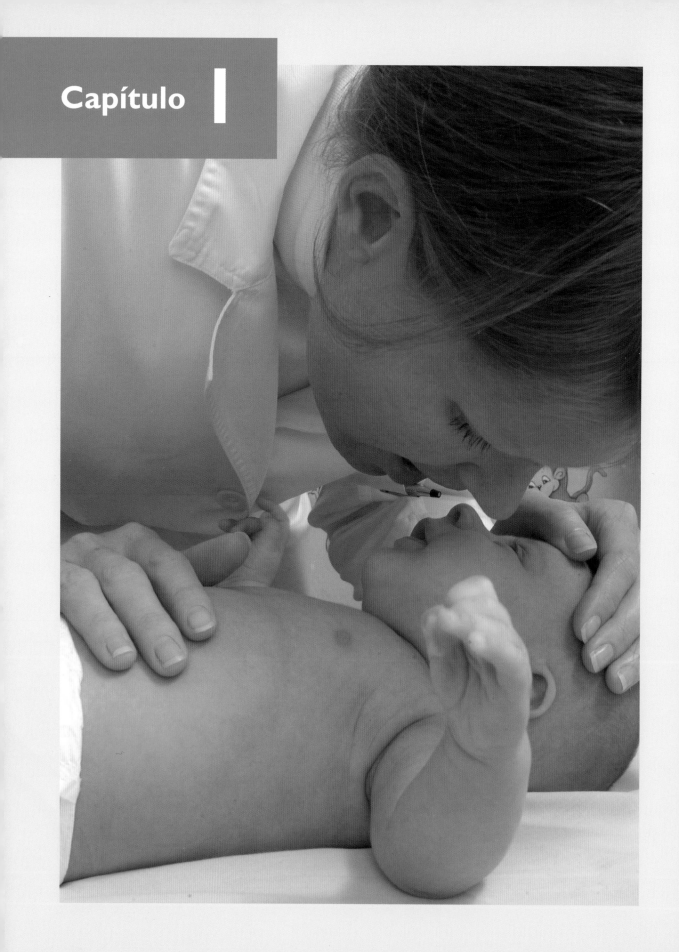

Capítulo I

Primeros auxilios y emergencias

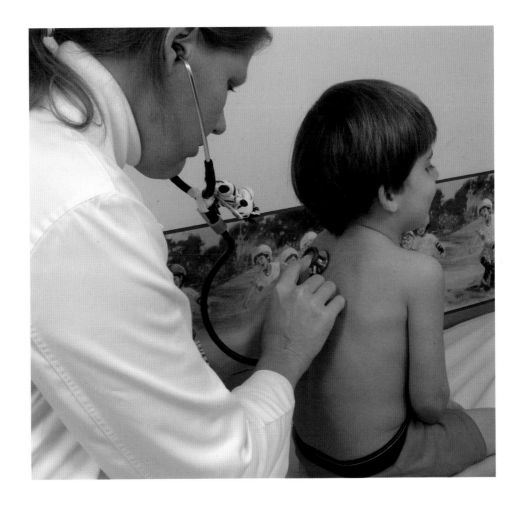

Reglas generales ante una emergencia

- Trate de no perder la calma, actúe con rapidez y decisión.
- Observe y evalúe la zona en que ocurrió el accidente.
- Pida ayuda médica y quédese junto al herido.
- Aflójele la ropa.
- Busque los signos vitales de la persona: si está consciente, si respira y si tiene pulso.
- Si no respira: comience con los ejercicios boca a boca.
- Si además no tiene pulso: acompañe con masajes cardíacos.
- Cuando recupere la respiración y el pulso, acomódelo en posición de recuperación.
- Revise si tiene hemorragias y contrólelas.
- Cúbrala para que no sienta frío.
- No le dé nada de beber ni de comer.
- Tranquilice a la víctima.

Traslado al centro de salud más cercano

Si sospecha de lesiones en la columna vertebral, no mueva a la víctima.

Hágalo sólo cuando tenga la certeza de que el traslado no empeorará la situación. Ante cualquier duda, es mejor esperar a la ambulancia.

Datos que son necesarios cuando pide ayuda telefónica a la policía, los bomberos o la ambulancia

- Lugar del hecho.
- Tipo de emergencia (ahogo, accidente de tránsito, caída, electrocución, fractura, herida, hemorragia, incendio, paro cardiorrespiratorio).
- Número y estado de las víctimas.

Técnica de resucitación cardiopulmonar para niños menores de un año

Cuando una persona deja de respirar, sus órganos no reciben oxígeno. La falta de oxígeno puede provocar serias lesiones neurológicas y hasta desembocar en la muerte de la persona. Ante una situación de estas carcterísticas es importante actuar con rapidez. La técnica de resucitación cardiopulmonar tiene como objetivo mantener el cerebro con vida y el corazón con actividad cardíaca. Es importante aprender a realizar esta maniobra y ejercitarla para no olvidar ninguno de sus pasos. Su correcta aplicación ha salvado innumerables vidas.

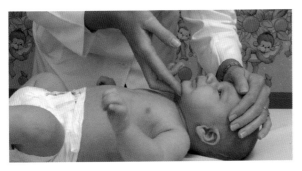

1. Si el niño no reacciona a sus llamados, recuéstelo boca arriba en una superficie plana. Levántele el mentón con el dedo e incline la cabeza hacia atrás para liberar las vías aéreas. Verfique que no tenga una obstrucción en la boca.

2. Sosteniéndole la cabeza, acerque su oído a la nariz del bebé y escuche si respira. En ocasiones es importante observar si el pecho del bebé se eleva. Si respira colóquelo en posición de recuperación.

3. Si no respira, primero busque ayuda. Luego administre dos respiraciones artificiales (cubrir boca y nariz), leves y lentas; deje salir el aire luego de la primera.

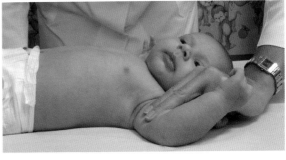

4. Repita cinco veces y busque el pulso en la parte superior interna del brazo.

5. La compresión debe realizarse sobre el esternón (un centímetro debajo de la línea que va de tetilla a tetilla) con los tres dedos centrales de su mano hasta bajar el esternón de uno a dos centímetros. Establezca un ritmo uniforme de compresión.

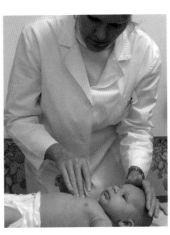

La RCP debe hacerse sobre un piso firme.

Recuerde extender los brazos cuando la realice. Es probable que la maniobra se extienda por un tiempo.

La posición de los brazos bien extendidos ayuda a prevenir el cansancio del socorrista.

La posición de recuperación mantiene al herido con las vías aéreas abiertas, previene que se acumulen mucosidades y que ingiera el vómito.

Si sospecha la presencia de fracturas, no mueva al herido.

Reanimación cardiopulmonar básica

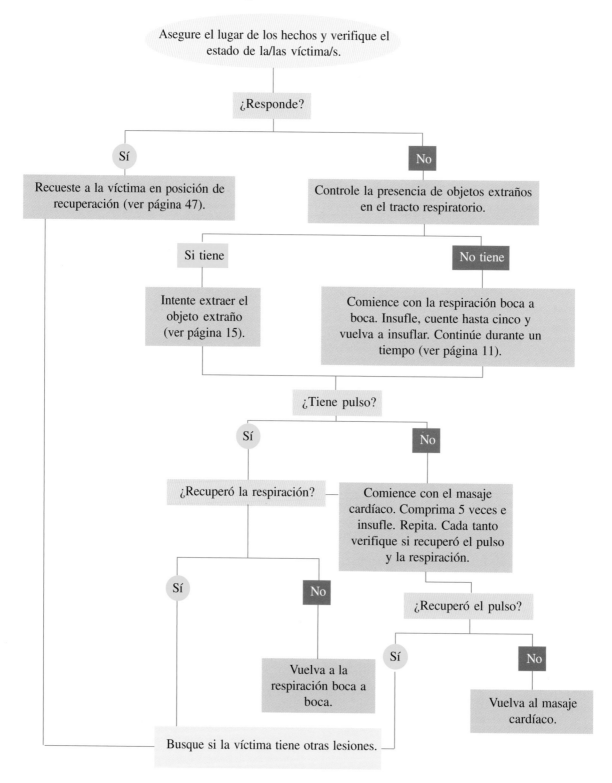

Asegure el lugar de los hechos y verifique el estado de la/las víctima/s.

¿Responde?

Sí → Recueste a la víctima en posición de recuperación (ver página 47).

No → Controle la presencia de objetos extraños en el tracto respiratorio.

Si tiene → Intente extraer el objeto extraño (ver página 15).

No tiene → Comience con la respiración boca a boca. Insufle, cuente hasta cinco y vuelva a insuflar. Continúe durante un tiempo (ver página 11).

¿Tiene pulso?

Sí → ¿Recuperó la respiración?

No → Comience con el masaje cardíaco. Comprima 5 veces e insufle. Repita. Cada tanto verifique si recuperó el pulso y la respiración.

Sí → Busque si la víctima tiene otras lesiones.

No → Vuelva a la respiración boca a boca.

¿Recuperó el pulso?

Sí → Busque si la víctima tiene otras lesiones.

No → Vuelva al masaje cardíaco.

Busque si la víctima tiene otras lesiones.

Reglas generales para tomar el pulso

El pulso es el número de latidos del corazón por minuto. Con cada latido el corazón bombea sangre a todo nuestro cuerpo con las sustancias necesarias para mantener nuestras células saludables. Si el corazón no funciona correctamente, la persona corre serios riesgos de salud. La medición del pulso proporciona información importante acerca del estado de salud de una persona. En situaciones de emergencia, esta técnica puede ser vital a la hora de determinar si el paciente necesita una RCP.

Existen varias maneras de medir las pulsaciones de una persona. En niños menores de un año, se recomienda tomar el pulso radial o pedio. En niños mayores al año, se pueden utilizar las arterias que pasan por la muñeca, el cuello (carótida) o la ingle.

Los parámetros normales para un recién nacidos son de 100 a 160 latidos por minuto. Para niños de hasta diez años, entre 70 y 120 pulsaciones.

¡Atención!

Recuerde no tomar el pulso con el pulgar. Los dedos que se utilizan son el anular y el mayor juntos.

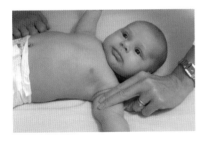

Pulso en el brazo en bebés

Se llama "pulso humeral", al que se toma en el brazo a la altura del húmero.

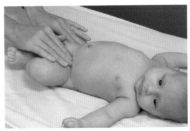

Pulso femoral en bebés

Cuando se dificulte la toma del pulso en el brazo o la carótida, se puede utilizar la arteria que pasa por la ingle de la persona.

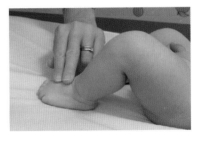

Pulso en el pie en bebés

Si el cuello o los brazos no están al alcance para monitorear el pulso, se utiliza una arteria que se encuentra cerca de la piel en el empeine.

Pulso radial

El pulso radial es el que se detecta a la altura de la muñeca de la persona.

Pulso carotídeo

El pulso carotídeo es muy fácil de detectar en niños mayores de un año. Se busca la arteria carótida al costado de la garganta en cualquiera de los dos lados.

Pulso femoral en niños

La arteria que se localiza en la ingle permite detectar el pulso cuándo no es posible utilizar los puntos comunes para revisar el ritmo cardíaco.

Emergencias de la A a la Z

Ahogo por inmersión

El ahogo por inmersión es un accidente que puede generar gravísimas consecuencias. Un niño ahogado puede desarrollar incapacidades neurológicas e incluso morir. Los niños pequeños no tienen el reflejo de levantar la cabeza si la tienen sumergida, aun en unos pocos centímetros de agua. El ahogo por inmersión es evitable si se toman las correctas medidas de precaución.

Qué debe hacer

• Si está inconsciente, pida ayuda urgente.

• Recuéstelo sobre un piso firme.

• Voltee la cabeza hacia un costado para liberar de agua la boca.

• Verifique sus signos vitales: pulso y respiración.

• Si no respira, proceda a la respiración boca a boca.

• Si no tiene pulso realice la Maniobra de Resucitación Cardiopulmonar completa.

• Continúe con la RCP hasta que vuelva en sí, o hasta que llegue la ayuda médica.

Qué debe hacer en caso de ahogo por inmersión en una pileta

• Sólo entre al agua si sabe nadar.

• Tome al niño por la barbilla desde atrás para que su cabeza quede fuera del agua.

• Si está consciente, dígale que se quede tranquilo para que no dificulte el rescate.

Medidas de prevención

• Vacíe la bañadera inmediatamente después de sacar al niño de ella.

• No deje palanganas o baldes con agua.

• Mantenga la tapa de los inodoros cerrada.

Prevención en piletas

• La pileta debe estar siempre cercada. Considere un cerco de un 1,50 m de altura con barrotes a unos 12 cm cada uno.

• Revise si hay agujeros debajo del cerco por donde puedan arrastrarse los pequeños.

• La puerta de la pileta tiene que estar siempre cerrada con llave o con candado. Usted conserve la llave.

• No deje sillas u otros elementos que le puedan servir a los niños para trepar y traspasar al sector de la pileta.

• El agua debe estar siempre transparente, incluso en invierno. De esa manera usted podrá ver si el niño cayó al agua.

• Si un niño asiste a una colonia de vacaciones, revise las medidas de prevención del lugar, así como la presencia de personal guardavidas.

Amputaciones

La amputación es la pérdida de un miembro del cuerpo, o parte de él como consecuencia de un traumatismo.

Qué debe hacer

• Tome el miembro amputado y cúbralo con una gasa estéril o un pañuelo limpio. Colóquelo dentro de una bolsa y manténgalo dentro de un recipiente con hielo. (Es fundamental que se preserve en frío).

• Si hay mucha pérdida de sangre y no hay otra manera de frenar la hemorragia, realice un torniquete.

• Lleve al lesionado y la parte amputada al centro de salud más cercano.

Atragantamiento por un cuerpo extraño

El atragantamiento se produce cuando un objeto extraño queda atorado en el tracto respiratorio de una persona. Es común que niños pequeños se atoren con bocados de comida, maníes, arvejas, granos de choclo, nueces, pasas, o con objetos dejados al alcance, como botones, bolitas, juguetes pequeños, hebillas, ganchos para los papeles.

Qué debe hacer

• Verifique si hay obstrucción en la boca.

• Emplee un dedo en forma de gancho si el objeto está en el frente de la boca, de lo contrario no utilice esta maniobra porque podría empujar hacia adentro el cuerpo extraño.

• Si tose, permita unos segundos al niño para ver si su propio reflejo expulsa el objeto ajeno.

• Si no respira: actúe rápidamente.

En bebés

• Sostenga al niño boca abajo, con la cabeza por debajo de la altura de la cola.

• Palmee firmemente en la parte superior de la espalda.

En niños pequeños

• Coloque al niño sobre sus rodillas con la cara hacia abajo.

• Golpee firmemente en la parte superior de la espalda.

Si ninguno de estos sistemas funciona, recurra al Método de Heimlich.

Método de Heimlich

• Ubíquese detrás del atragantado.

• Coloque el puño izquierdo cerrado debajo de las costillas y en la parte superior del abdomen de la víctima.

• Presione con rapidez y con fuerza sucesivamente.

• Verifique si expulsó el objeto, si no repita.

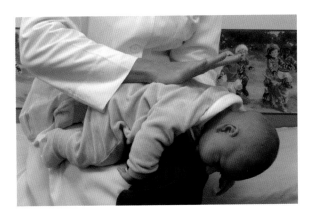

Medidas de prevención

• Enseñe a los integrantes del hogar a no dejar al alcance de los niños objetos del tamaño de la boca del pequeño.

• No deje en el cajón de su mesita de luz: chinches, ganchos para papeles, alfileres de gancho, hebillas, botones o monedas.

• Guarde en una caja de herramientas con buen cierre: clavos, tachuelas, cueritos de las canillas entre otros utensilios.

• Corte en pedacitos pequeños la comida que le va a dar. Evite almendras, avellanas, maníes, nueces, pasas de uva y otros frutos secos.

Caídas

Qué debe hacer

• Verifique la situación general del niño.

• Si sospecha fracturas, no mueva a la víctima.

• Pida ayuda médica.

• Revise sus constantes vitales y aplique la RCP de ser necesario.

• Controle hemorragias, si las hay.

• Quédese a su lado y tranquilícelo.

• Si un niño se golpeó la cabeza, aunque no haya revestido gravedad, es recomendable que le haga un control médico posterior.

Medidas de prevención

• Si vive en un lugar alto, considere elementos de protección para las ventanas y balcones, como rejas o redes especiales.

• No coloque camas o cómodas debajo de una ventana.

• No deje a un bebé solo en un cambiador, o cualquier otro lugar por donde pueda rodar y caerse.

• Si hay escaleras en su hogar, contemple puertas con candado para que el niño no suba o baje sin su supervisión.

• El niño debe dormir en una cuna con barrotes lo suficientemente altos como para que no pueda treparlos. Los barrotes no deben permitir que el niño pase la cabeza a través de ellos.

Congelación

Hay distintos tipos de congelación que se clasifican según su intensidad en primero, segundo o tercer grado. Por otra parte se encuentra la hipotermia que es la bajada de la temperatura corporal por debajo de los treinta y cinco grados.

Qué debe hacer

• Proteja del frío.

• Si puede, trasládelo a un lugar caliente. Es probable que no pueda moverse solo debido a la insensibilidad que provoca el frío.

• Abríguelo.

• Revise sus constantes vitales (pulso y respiración).

• Dele respiración boca a boca y masaje cardíaco, si lo necesita.

• Si está inconsciente pero respira, recuéstelo en posición de cúbito lateral.

• Si está consciente, dele de beber bebidas calientes y dulces.

• Si los miembros están fríos, pero no congelados, masajéelos para favorecer la circulación.

• Si se trata de un bebé, la mejor forma de calentarlo es abrazarlo y cubrirse ambos con una manta.

Qué no debe hacer

• No sumerja al niño en agua muy caliente. El dolor puede ser insoportable.

• No caliente al niño muy cerca de una estufa ya que puede quemarlo.

Electrocuciones

Qué debe hacer

• Corte la corriente de su hogar.

• Si el electrocutado se encuentra en un lugar alto, prevea la caída.

• Utilice un palo de escoba (que no sea de metal) para despegar al niño de la fuente eléctrica.

• Si el niño se encuentra inconsciente, revise los signos vitales e inicie los trabajos de RCP, de ser necesarios.

• En ese caso, llame a una ambulancia y no se mueva de al lado del niño.

• Si las lesiones no aparentan gravedad, diríjase igual al centro de salud más cercano. En ocasiones las manifestaciones de electrocución tardan en aparecer.

Medidas de prevención

• Coloque un disyuntor en su hogar.

• Cubra los enchufes con tapas para evitar que los más pequeños metan los dedos o introduzcan elementos extraños en las tomas.

• Esconda los cables de los artefactos eléctricos detrás de los muebles y no los deje desenchufados cerca de los enchufes.

• No permita que el niño juegue mojado cerca de cualquier artefacto eléctrico.

Qué no debe hacer

• Nunca toque directamente a la víctima.

• No intente despegarla descalzo.

Envenenamiento

Qué debe hacer en caso de
envenenamiento por ingestión

• Busque en la habitación el elemento que pudo provocar la intoxicación.

• Si lo encuentra, tome el frasco o la botella con el contenido tóxico y pida a alguien que le lea las instrucciones del envase. Llame al número que figura en la etiqueta y siga las indicaciones de los especialistas. Generalmente proveen un teléfono de asistencia médica e indican asistencias primarias.

• Diríjase al centro de salud más cercano con una muestra de lo que el niño ingirió.

Qué no debe hacer

• Ante la duda, no induzca el vómito.

Qué debe hacer en caso de
envenenamiento por inhalación

• Pida ayuda.

• Cúbrase la boca y la nariz al rescatar a la víctima.

• Llévela a un lugar aireado. Si no camina o no puede alzarla, arrástrela a un lugar seguro.

• Compruebe sus signos vitales.

• Si respira, recuéstelo en posición de recuperación.

• Si tiene dificultades en la respiración, aplique respiración boca a boca.

• Una vez que haya reaccionado, tranquilícelo y espere a la ambulancia.

• Es importante que el afectado sea revisado por un médico para evaluar si el envenenamiento dejó secuelas respiratorias o neurológicas.

Qué debe hacer en caso de
envenenamiento por contacto

• Cúbrase las manos para evitar el contacto con el tóxico.

• Quítele a la víctima la ropa impregnada y póngala en una bolsa plástica.

Lávelo con mucha agua corriente.

Pida asistencia médica o diríjase al centro de salud más cercano.

Medidas de prevención

• No deje al alcance del niño elementos tóxicos.

• No guarde remedios en las mesitas de luz de su habitación.

• No ingiera fármacos frente al niño.

• Ubique los remedios por encima de un metro cincuenta de altura en un botiquín con llave.

• Mantenga los detergentes o venenos en roperos que estén fuera del alcance del niño, cerrados con llave o con candado.

• No utilice botellas de bebidas para colocar líquidos tóxicos.

• Coloque llaves de seguridad en las estufas.

• Procure mantener las habitaciones de su hogar ventiladas.

• Verifique con personal especializado los artefactos de gas de su hogar periódicamente.

Fracturas

Se llama fractura a la rotura de un hueso. Puede ser abierta o expuesta, cuando el hueso fracturado rompe la piel y sobresale; o cerrada que significa que no hay herida hacia el exterior.

Los síntomas de una fractura son:

• Dolor.

• Inmovilidad del miembro.

• Deformidad.

• Inflamación.

• Hematoma.

Qué debe hacer

• Inmovilice el miembro afectado con un cabestrillo o haciendo un entablillado.

• Si la fractura se encuentra en un brazo, retire relojes, anillos o pulseras antes de que se hinche el miembro.

• Si está abierta, cubra la herida con gasa esterilizada o una sábana limpia.

• Diríjase al centro de salud más cercano.

Qué no debe hacer

• No intente reubicar el miembro fracturado.

• Nunca movilice a una persona que se encuentra gravemente accidentada.

Golpe de calor o insolación

Qué debe hacer

• Como primera medida, ubique al niño en un sitio fresco, aireado y con sombra.

• Desvístalo y déjelo sólo en ropa interior.

• Refrésquelo con paños de agua fría. No frote con alcohol o hielo.

• Ofrézcale abundante líquido. Si tiene bebidas de tipo deportivas que restituyen las sales y los minerales, mejor.

Importante

• Recuerde que los niños pequeños son mucho más propensos a los golpes de calor y la deshidratación.

• Mantenga protegido a su hijo en verano.

• No lo exponga al sol por largas horas.

• Ofrézcale líquido frecuentemente.

• No lo deje en lugares cerrados sin ventilación, como por ejemplo, el auto.

SISTEMA MUSCULOESQUELÉTICO
(anterior)

MÚSCULOS

HUESOS

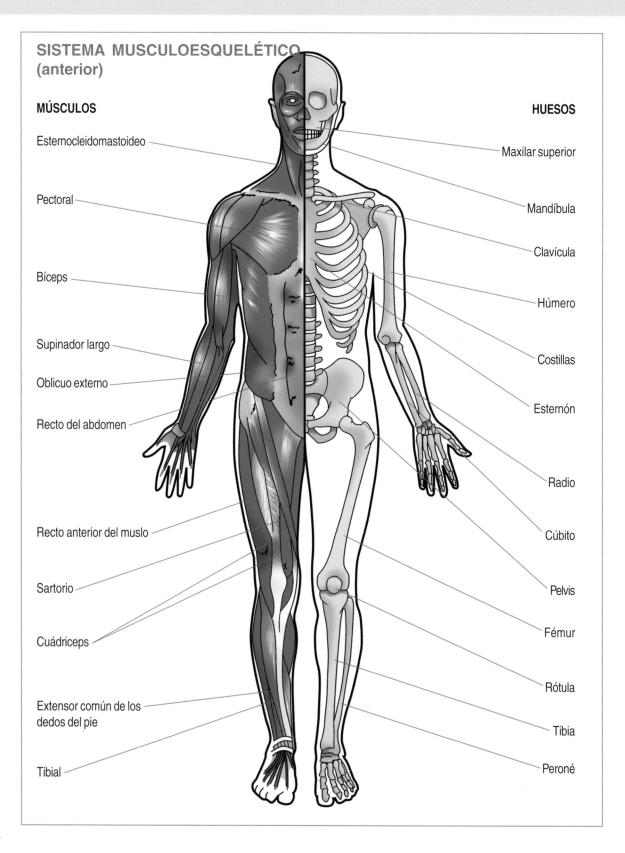

Esternocleidomastoideo

Pectoral

Bíceps

Supinador largo

Oblicuo externo

Recto del abdomen

Recto anterior del muslo

Sartorio

Cuádriceps

Extensor común de los dedos del pie

Tibial

Maxilar superior

Mandíbula

Clavícula

Húmero

Costillas

Esternón

Radio

Cúbito

Pelvis

Fémur

Rótula

Tibia

Peroné

SISTEMA MUSCULOESQUELÉTICO
(posterior)

HUESOS

MÚSCULOS

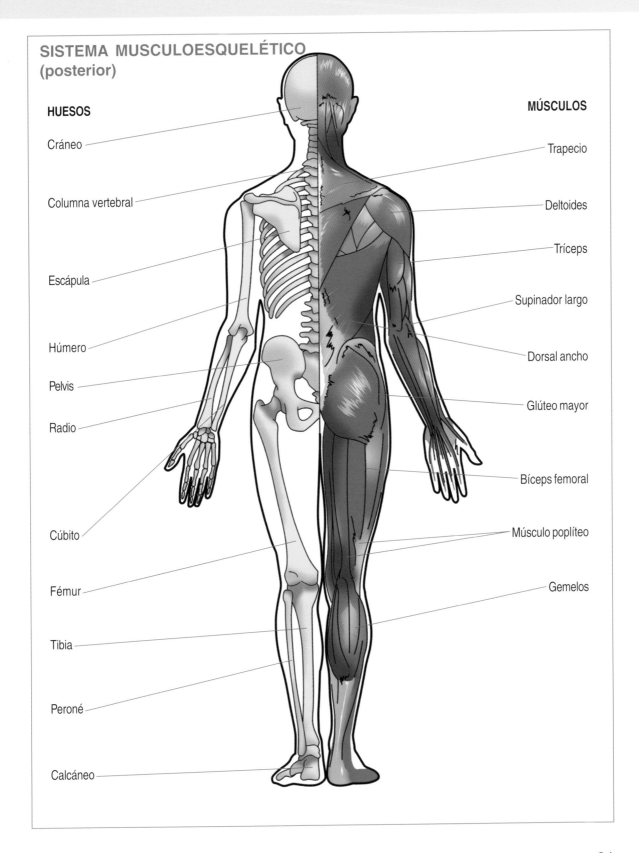

Cráneo

Columna vertebral

Escápula

Húmero

Pelvis

Radio

Cúbito

Fémur

Tibia

Peroné

Calcáneo

Trapecio

Deltoides

Tríceps

Supinador largo

Dorsal ancho

Glúteo mayor

Bíceps femoral

Músculo poplíteo

Gemelos

Hemorragias

La hemorragia es la pérdida de sangre como consecuencia de la rotura de los vasos sanguíneos. Puede ser externa o interna. La gravedad de la hemorragia se mide por la velocidad con que sale la sangre, el volumen y el estado físico de la persona herida.

El color de la sangre varía según el vaso que haya sido afectado:

• Si es rojo vivo y sale a borbotones, proviene de una arteria.

• Si es de color rojo oscuro y sale en forma continua, es de una vena.

• Si sale en sábana, es capilar.

Qué debe hacer
En caso de hemorragia externa

• Averigüe de dónde proviene la sangre.

• Limpie la herida con agua y jabón.

• Comprima la hemorragia con un paño limpio.

• Si no cesa, presione sobre la arteria lesionada.

• Si la herida se encuentra en un brazo o una pierna, eleve el miembro.

• Sólo si la vida del pequeño está en riesgo, realice un torniquete.

• Pida ayuda.

Qué debe hacer
En caso de hemorragias internas

• Evalúe la situación general del niño.

• Revise sus signos vitales (respiración y pulso).

• Si no tiene fracturas, recuéstelo boca arriba y eleve las piernas.

• Pida ayuda.

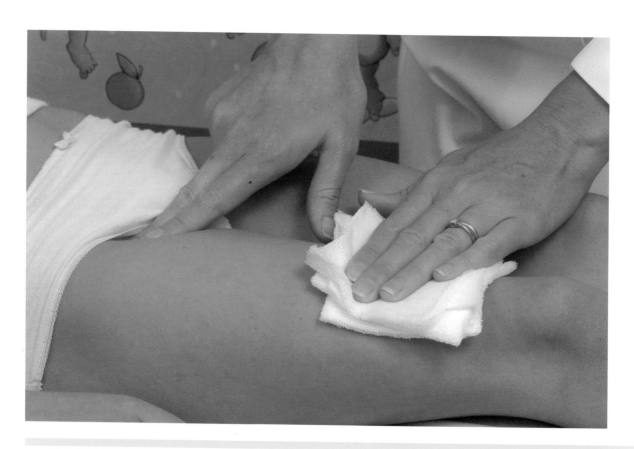

Qué debe hacer

En caso de otorragias (hemorragias por el oído)

• Recueste de costado al niño de manera que el oído sangrante quede debajo.

• No tapone.

• Diríjase al centro de salud más cercano.

Qué debe hacer

En caso de epistaxis (hemorragias por la nariz)

• Presione sobre la fosa sangrante durante cuatro minutos aproximadamente.

• No incline la cabeza hacia atrás porque puede producir ahogo con los coágulos por sangrado posterior.

• Tapone con una gasa esterilizada.

• Si la hemorragia no cesa, diríjase al centro de salud más cercano.

Síntomas de shock

• El niño está pálido y con la piel húmeda.

• Siente frío y presenta escalofríos.

• Tiene sed, náuseas o vómitos.

• El pulso puede ser débil o acelerado y es difícil de localizar.

• En ocasiones, inconsciencia.

Qué debe hacer

En caso de shock

• Evalúe la situación general del niño.

• Llame a una ambulancia.

• Si puede y no hay peligro, recueste a la persona boca arriba y mantenga abiertas las vías respiratorias.

• Afloje la ropa.

• Eleve las piernas, siempre y cuando no haya fracturas.

• Busque si hay hemorragias externas o internas.

• Cúbralo y evite que se mueva.

Si la hemorragia es muy abundante y el niño está severamente herido, es posible que presente un shock hipovolémico.

Heridas

Qué debe hacer
En caso de heridas leves

• Desinfecte la herida con agua y jabón desde el centro hacia fuera.

• Cubra con una gasa y no algodón (el algodón puede desprender filamentos que se adhieran a la herida).

• Si sangra, realice un vendaje compresivo no muy fuerte para frenar el sangrado.

• Si es profunda o está muy abierta, diríjase al centro de salud más cercano para que un especialista evalúe si es necesaria una sutura.

Qué debe hacer
En caso de heridas graves

• Verifique la situación de la persona herida.

• Controle si respira y si tiene pulso.

• Si el niño no corre peligro al movilizarlo, limpie y cubra la herida y llévelo al centro de salud más cercano.

• Si el niño no puede moverse, mantenga sus vías respiratorias abiertas y pida ayuda urgente. Manténgase junto al pequeño para tranquilizarlo.

Qué debe hacer
En caso de heridas perforantes

• Verifique la situación de la persona herida.

• Controle si respira y si tiene pulso.

• Acueste al herido sobre el piso y mantenga sus vías respiratorias abiertas.

• No extraiga el elemento que hirió a la persona.

• Llame a una ambulancia.

• Quédese al lado del herido hasta que llegue la ayuda.

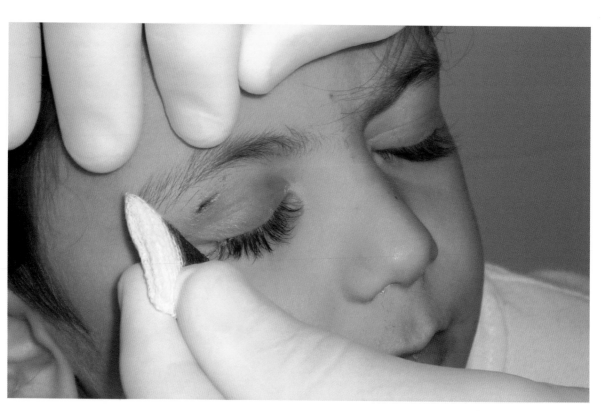

Lesiones en la cabeza

Las lesiones en la cabeza pueden producirse por accidentes de tránsito, golpes o caídas. Según sea la gravedad del impacto, puede generar conmoción cerebral, coma, fractura de cráneo y hemorragias en la región de las meninges.

Aunque el golpe no haya sido grave, es recomendable la visita al médico para que el niño sea observado.

Llame al servicio de urgencias si:

• El niño se muestra confundido o atontado.
• No reacciona cuando lo llama.
• Está inconsciente.
• Vomita.
• Tiene dolor en el cuello.
• Convulsiona (movimientos anormales).
• Sangra por un oído o por la nariz.
• Sale un líquido claro de la nariz.
• Nota un trastorno en la visión, el habla o la audición.
• Camina con dificultad o siente debilidad en un brazo o en una pierna.
• Tiene dolor de cabeza que dura más de un día.

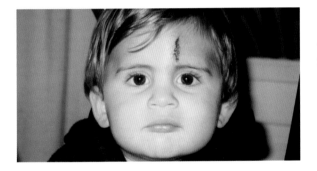

Qué debe hacer

• Llame al servicio de urgencias.
• Controle sus signos vitales.
• Si no respira, practíquele respiración boca a boca.
• Si no tiene pulso, aplique masaje cardíaco.
• Si los niveles de consciencia están normalizados, colóquelo con el tronco elevado y la cabeza alineada con la columna vertebral.
• Si sufre alteraciones en su nivel de consciencia, recuéstelo en posición de recuperación.
• Esté atento si entra en estado de shock. (ver shock)
• Si la víctima sangra por el oído, cúbrale la zona con un paño limpio y recuéstelo sobre el lado afectado con la cabeza levemente levantada.

> Si hay herida abierta y sangrante, tápela con una gasa estéril o una sábana limpia. No intente frenar la hemorragia haciendo presión.

Qué no debe hacer

• Nunca mueva a la víctima si tiene sospechas de lesiones en la columna.
• No intente reinsertar material que haya protuído del interior de la cabeza.

Mordedura de perros

Las mordeduras de perros suelen ocurrir cuando el animal se siente desafiado, el niño se acerca a un perro desconocido o lo cargosea. Las mordeduras más comunes suelen provenir de razas de grandes tamaños y tienen lugar en las extremidades, el cuello o la cara.

Qué debe hacer

• Si puede, inmovilice y sujete al perro.
• Siente al herido en un lugar cómodo y tranquilícelo.
• Frene la hemorragia, si fuera necesario.
• Limpie la herida con agua y jabón.
• Cúbrala con una gasa esterilizada.
• Averigüe si el perro tiene la vacuna antirrábica. Si se desconoce o no la tiene, llévelo a la perrera para su observación.
• Traslade al niño mordido a un centro sanitario.
• Aplique una vacuna antitetánica, si no la tiene.

Objetos en la nariz

Qué debe hacer

• Si es muy pequeño, llévelo al centro de salud más cercano lo antes posible.

• Si ya sabe soplarse la nariz, apriete la fosa nasal libre y pídale que sople hacia fuera para expulsar el objeto con el aire.

• Si no sale, llévelo al centro de emergencias lo antes posible.

Qué no debe hacer

• No introduzca ningún elemento para extraer el objeto porque puede empujarlo más hacia adentro. Sólo el profesional médico podrá introducir una pinza esterilizada, para retirar el elemento del orificio.

Objetos en el oído

Qué debe hacer

• Incline la cabeza con el oído afectado hacia abajo y observe si el objeto cae. Si no, diríjase al centro de salud más cercano.

Qué no debe hacer

• No introduzca ningún elemento, como por ejemplo una pinza, dentro del oído porque puede empujarlo más hacia adentro. Sólo el profesional médico podrá introducir una pinza esterilizada, para retirar el elemento del orificio.

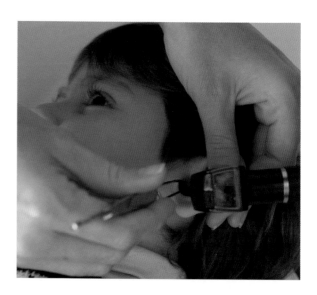

Picaduras de insectos

Qué debe hacer

• Identifique al ejemplar que ha producido la lesión.

• Si hubiera dejado el aguijón, retírelo con una pinza de depilar.

• Lave la zona afectada con agua y jabón.

• Si la zona se hincha, coloque una bolsa de agua fría durante quince minutos para desinflamar la zona y disminuir el dolor.

• Si el niño tiene antecedentes alérgicos, preste especial atención a sus signos vitales. Si aparecen dificultades en la respiración, taquicardia y edema, diríjase rápidamente al centro de salud más cercano.

Medidas de prevención contra los mosquitos

• Utilice métodos de prevención.

• Si su hijo es menor de un año, consulte con el pediatra qué repelente de insectos emplear.

• Si vive en zonas cálidas, de intensa vegetación o cerca de ríos, coloque mosquiteros en las ventanas y fumigue la casa y los alrededores.

• Algunas especies transmiten enfermedades peligrosas, como el dengue o el paludismo.

• Evite mantener recipientes en donde pueda acumularse agua de lluvia. Los mosquitos ponen sus larvas en aguas estancadas.

• Si vive en una zona en donde habita el mosquito que propaga el paludismo consulte con el médico sobre las medidas de prevención, incluyendo los medicamentos como la quinina.

Quemaduras

La gravedad de la quemadura se evalúa de acuerdo con el porcentaje del cuerpo abarcado, la profundidad de la lesión, la zona afectada y los riesgos de infección.

Según la profundidad del área lesionada, las quemaduras se clasifican en:

• **Primer grado**: afecta a la epidermis y sólo enrojece la zona afectada.

• **Segundo grado**: alcanza a la epidermis y la dermis, y se caracteriza por la aparición de ampollas.

• **Tercer grado**: involucra la epidermis, la dermis y la hipodermis. En ocasiones llega a los músculos, los nervios y los vasos sanguíneos. Se caracteriza por producir una costra de color negruzco. No son dolorosas por la destrucción de las terminaciones nerviosas del dolor.

Qué debe hacer

En caso de quemaduras leves

• Enfríe la zona afectada con un chorro de agua fría por lo menos durante diez minutos, hasta que disminuya el dolor. De no haber agua cerca, coloque la parte quemada en contacto con una superficie fría (pared, piso, mesada de cocina de mármol o metal).

• Si la piel está abierta o ampollada, envuelva la parte del cuerpo afectada con una gasa estéril. Si la superficie es grande, hágalo con una sábana limpia y húmeda.

• Tenga en cuenta la aplicación de la vacuna antitetánica para prevenir infecciones en la zona herida.

En caso de quemaduras de sol

• Los pasos a seguir son los mismos que en quemaduras leves. Pero es muy importante estar atento a los síntomas de un niño con quemaduras solares. Si luego de exponerse al sol, padece de cefaleas, mareos, fiebre, vómitos, deshidratación y shock, concurra al centro de salud más cercano.

En caso de quemaduras graves

• Si la persona está en llamas, cúbrala con una frazada o manta y hágala rodar por el piso para que éstas se extingan. Si corre, el oxígeno avivará el fuego.

• Quite con cuidado anillos, pulseras, relojes y cadenas antes de que la piel se le inflame o el cuerpo se hinche.

• Recuéstelo en el piso y verifique si respira y si tiene pulso.

En caso de quemaduras con productos químicos o caustificación

• Quítele la ropa impregnada con la sustancia tóxica.

• Lave la zona afectada con abundante agua corriente. El agua no sólo aliviará el dolor sino que arrastrará el tóxico remanente que produjo la lesión.

• Si el producto cayó en los ojos, lávelos con agua durante por lo menos veinte minutos.

• Si fueron producidas por ácidos, aplique una solución de agua con bicarbonato de sodio, después de lavar.

• Si fueron producidas por sustancias alcalinas (soda cáustica, cal viva, potasa), aplique una solución de vinagre y agua luego del chorro de agua.

• En ambos casos, deberá lavar de nuevo las zonas afectadas con agua limpia y secar con suavidad con una gasa estéril.

• Acuda al médico lo antes posible.

Qué no debe hacer

• No pinche las ampollas.

• No desvista al herido si las prendas están adheridas a la piel.

• No coloque cremas, ni ningún otro medicamento hasta que el médico lo indique.

• Llame a una ambulancia.

NO UNTE CON MANTECA O ACEITES SOBRE SUPERFICIES QUEMADAS.

Medidas de prevención

• No traslade a un niño en brazos con una taza o con algo caliente en la otra mano.

• Evite colocar recipientes calientes en los bordes de una mesa.

• Cocine en las hornallas de atrás.

• No deje fósforos o encendedores al alcance de los niños.

No permita que el niño juegue cerca de chimeneas, parrillas u otras fuentes de calor.

Pruebe el agua de la bañadera antes de sumergir al niño.

SECCIÓN DE LA PIEL

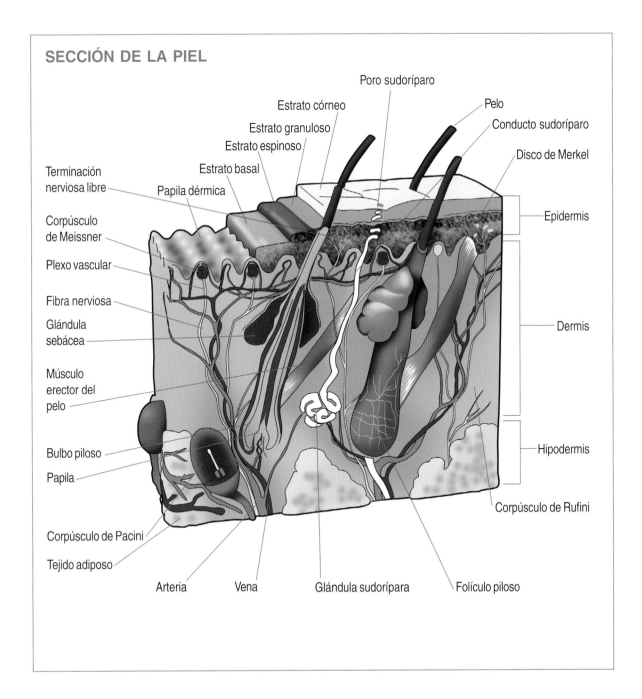

29

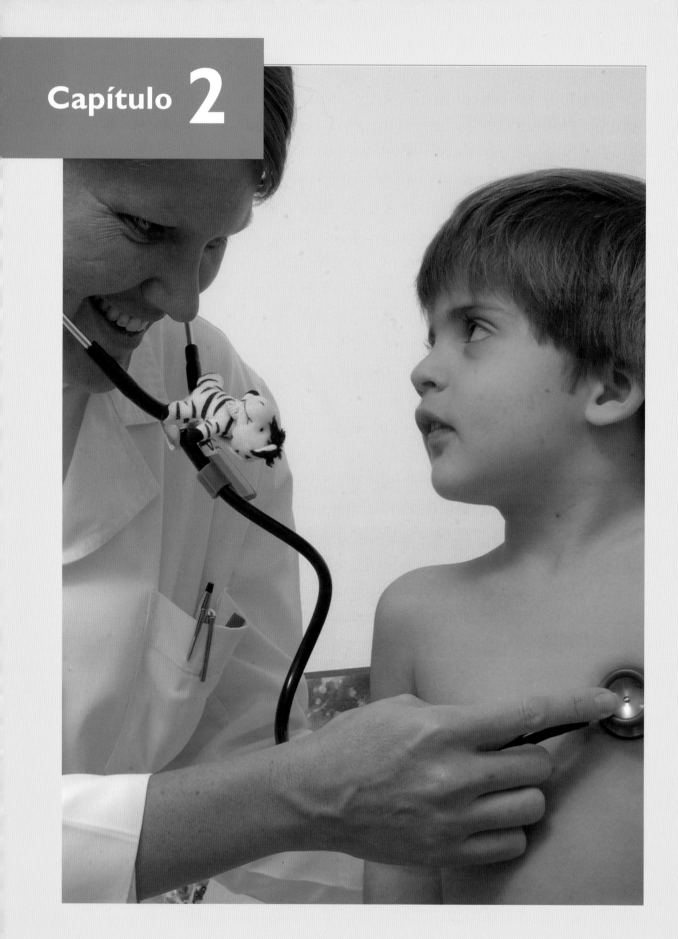

Capítulo 2

Enfermedades de la infancia

Aftas

Se caracterizan por ser ulceraciones de la mucosa bucal o genital de aparición brusca, dolorosas y en ocasiones, recurrentes. Se clasifican en leves, severas y herpetiformes. Las leves son erosiones pequeñas y solitarias que desaparecen entre los seis y los diez días desde su aparición sin dejar cicatriz. Las severas son ulceraciones más grandes, más profundas y mucho más dolorosas que tardan entre tres y ocho semanas en curarse y dejan cicatriz. Las aftas mayores pueden producir fiebre, babeo en bebés, irritabilidad, malestar general, decaimiento e inapetencia. Las herpéticas están constituidas por ulceraciones múltiples en forma de ramillete.

Existen elementos que predisponen a su aparición, como factores hereditarios, alérgicos, infecciosos, endocrinos, traumáticos, psicológicos o un sistema inmunológico deprimido. Las aftas son un padecimiento común en la población.

Síntomas

• Úlceras dolorosas en la mucosa.

Tratamiento

Una vez confirmado el diagnóstico mediante una revisión local, el médico recetará un anestésico de uso local (tópico o cápsulas) para aliviar el dolor y un antiséptico para impedir la infección de las úlceras. Además puede recetar un antiviral para frenar el brote y talidomina o corticosteroides para evitar reapariciones.

Recomendaciones

Ofrezca al niño bebidas frías para aliviar el dolor. Si es un niño mayor, dele un hielo para que chupe.

Los preparados con violeta de genciana son un buen recurso para curar las aftas en niños pequeños. Consulte con su médico.

Evite

Para no aumentar el dolor suspenda los alimentos muy calientes, ácidos o condimentados.

Alergia

PUEDE SER MUY GRAVE

La alergia es una reacción exagerada del sistema inmunológico del cuerpo frente a sustancias inocuas para el común de las personas. La causa podría radicar en una sensibilización adquirida durante la vida, aunque existe una predisposición hereditaria. Las sustancias que producen alergia son llamadas alérgenos. La alergia no se contagia.

Síntomas

• Si los alérgenos se encuentran en el aire, los síntomas pueden ser: picazón y enrojecimiento en los ojos, nariz, boca y garganta. Los ojos se humedecen y la nariz gotea, la mucosidad blanca y transparente se incrementa (rinitis). Estornudos continuos.

• Si la alergia es por contacto: prurito, enrojecimiento cutáneo y dolor en la zona afectada.

• Si la reacción es por ingestión: migrañas, náuseas, vómitos, dolor abdominal, diarreas.

• Si la alergia es por mordedura de un animal o insecto: pústulas, enrojecimiento, edemas, urticaria, vómitos, espasmos.

• Si es una alergia medicamentosa: edemas, eccemas, urticaria, secreción nasal abundante.

• Si es producto de la exposición al sol: prurito, manchas rojas, nódulos y estornudos.

> **En todos los casos, puede aparecer colapso circulatorio, obstrucción de las vías respiratorias y hasta crisis de asma, según la intensidad de la reacción alérgica.**

Tipos de reacción

Existen distintos niveles de reacción alérgica que se clasifican según su gravedad. Cuando es baja, la reacción incluye aquellos síntomas que afectan al área específica del cuerpo, como por ejemplo un eccema o agua en la nariz.

Si la reacción es media, entonces los síntomas pueden esparcirse a otras partes del organismo, como la dificultad en la respiración.

Si la reacción alérgica es alta, se produce lo que se conoce como **shock anafiláctico**. Esta reacción es muy peligrosa. Comienza con los síntomas típicos, pero en cuestión de minutos pueden aparecer mareos, vómitos, calambres, diarrea y gran dificultad en la respiración. El estado de confusión también es probable, dado que el shock anafiláctico produce una caída rápida en la presión arterial.

Tratamiento

Para comenzar, el médico intentarará determinar qué produce la reacción alérgica. Si la persona ya lo sabe, es fundamental que se lo indique al profesional.

El primer paso dentro del tratamiento es suprimir el alérgeno culpable.

Luego, y para aliviar los síntomas, el médico recetará anhistamínicos y corticoides.

Si la persona tiene dificultades en la respiración, seguramente le prescribirá broncodilatadores.

Si el niño tiene prurito, es posible que su médico le recete una loción de calamina para suavizar la picazón.

Recomendaciones

Identifique el alérgeno y eduque a su hijo para que lo evite.

Informe a los adultos que participan en la vida del niño sobre lo que le provoca reacciones alérgicas.

Consulte a su médico la posibilidad de tener en el hogar una inyección con algún corticoide de acción rápida, para casos de emergencias.

Un baño de avena coloidal puede aliviar la picazón en el cuerpo.

Evite

Si su hijo es alérgico al polvo, la caspa de los ácaros y el polen, ventile la casa por la mañana y no acumule juguetes de peluche.

No permita que se fume en ambientes donde se encuentran personas con alergia.

No desatienda los síntomas. Ante cualquier duda, llame al médico.

Sustancias alergénicas más comunes

- Polen
- Hongos
- Esporas
- Polvo
- Excrementos de ácaros y de cucarachas
- Plumas
- Pelo de mascotas
- Caspa de los gatos
- Leche y sus derivados
- Huevo
- Harinas
- Frutillas
- Miel
- Tomate
- Mariscos
- Pescados
- Frutas secas
- Condimentos
- Colorantes
- Conservantes
- Medicamentos como la penicilina
- Cremas cosméticas
- Jabones
- Perfumes
- Lavandinas
- Aerosoles de uso doméstico
- Espirales contra los insectos

Amigdalitis

La amigdalitis es la inflamación de las amígdalas palatinas producida, en la mayoría de los casos, por bacterias estreptocócicas. Las amígdalas son ganglios situados en la parte trasera de la boca, uno de cada lado del velo del paladar, fácilmente visibles al abrir la boca de la persona y bajarle la lengua con una paleta. Estos nódulos del tejido linfático cumplen la función de impedir la diseminación de las infecciones por vía bucal. La infección más común de las amígdalas es la angina.

Si las infecciones son recurrentes o causan apneas durante el sueño o provocan abscesos periamigdalinos (pus alrededor de la amígdala), es muy probable que el especialista recomiende la extracción de las amígdalas mediante una operación quirúrgica.

Formas de contagio

Por la saliva.

Síntomas

- Dolor de garganta intenso.
- Amígdalas rojas e inflamadas con puntos amarillos.
- Halitosis (mal aliento).
- Malestar general y fiebre.
- Falta de apetito.
- Ganglios inflamados a los costados del cuello.

Tratamiento

Como primera instancia, el médico hará un hisopado (frotis faríngeo) para comprobar la infección. Si es bacteriana, recetará algún antibiótico para curarla y un antitérmico para bajar la fiebre. Si es vírica, sólo le dará un antitérmico y un analgésico para reducir la temperatura y los dolores. En ambos casos, recomendará reposo.

Recomendaciones

Las bebidas frías pueden aplacar el dolor.

Es mejor que el enfermo ingiera alimentos semilíquidos o líquidos, como yogures, flanes y batidos.

Evite

Las comidas calientes.

Los jugos de fruta, ya que son ácidos y pueden irritar la mucosa faríngea.

Anemia por falta de hierro

ES MUY GRAVE EN EL PRIMER AÑO DE VIDA

La anemia por falta de hierro es un trastorno en la sangre difícil de advertir. Las personas anémicas son aquellas que producen pocos glóbulos rojos. Los glóbulos rojos contienen la hemoglobina, sustancia que transporta el oxígeno, desde los pulmones al resto de los órganos del cuerpo, y que estimula los procesos vitales de las células. Frente a la falta de oxígeno el corazón bombea la sangre más rápido para poder compensar las necesidades no satisfechas del cuerpo, provocando aceleración en el pulso y cansancio. Puede ser aguda (por hemorragia) o crónica (por diversas causas).

Las anemias agudas pueden dejar graves secuelas en niños pequeños como la disminución en el nivel intelectual. Este mineral es muy importante dentro del primer año de vida ya que el crecimiento del bebé es muy rápido. La anemia a largo plazo reduce la capacidad inmunológica en la persona exponiéndola a infecciones.

Síntomas

- Palidez.
- Cansancio.
- Dolores de cabeza.
- Fragilidad en las uñas.
- Piel áspera.
- Bajo rendimiento escolar.

Tratamiento

Como primera medida, el médico indicará un hemograma completo para confirmar el diagnóstico de anemia por falta de hierro. Si se corrobora, buscará las causas que la produjeron y si la disminución de la hemoglobina es leve, moderada o grave.

Como tratamiento intentará elevar la cantidad de glóbulos rojos a su normalidad con una dieta rica en este mineral. Si es necesario, la complementará con un complejo vitamínico.

Recomendaciones

Acompañe las comidas del niño con un vaso de jugo de naranja. La vitamina C ayuda a la absorción de hierro.

Evite

Automedicar a su hijo con complementos vitamínicos de venta libre.

Alimentos ricos en hierro

- Carnes rojas
- Hígado
- Verduras de hoja
- Legumbres
- Semillas de girasol
- Porotos de soja
- Levadura de soja
- Yema de huevo

El hierro presente en los alimentos de origen animal se absorbe mucho más rápido que el de origen vegetal.

Apendicitis

GRAVE

El apéndice es una porción pequeña localizada en el intestino grueso cerca de donde éste se une al intestino delgado, a la altura de la cadera derecha. No se conoce la función de esta estructura, aunque se sabe que forma parte del aparato digestivo. La apendicitis es un proceso inflamatorio del apéndice vermiforme. Las causas de su inflamación pueden ser múltiples. Si la apendicitis no se trata en las primeras 24 a 48 horas de contraerse, puede perforarse y derivar en una peritonitis. Esta complicación consiste en la perforación del apéndice, volcando el contenido intestinal lleno de bacterias en la cavidad abdominal y provocando una infección de gravedad. La peritonitis puede poner en riesgo la vida de la persona.

Las causas de una apendicitis son: infección, inflamación o torsión del apéndice.

Síntomas

• Dolor intenso y súbito en el lado derecho inferior del abdomen.

• Falta de apetito.

• Nauseas y vómitos.

Tratamiento

El único tratamiento posible es la extracción del apéndice mediante una operación quirúrgica. La cirugía requiere anestesia general. La internación puede durar de uno a tres días. La recuperación del niño por lo general es muy rápida.

Evite

No minimice los síntomas. El diagnóstico a tiempo puede prevenir una peritonitis.

No suministre ningún medicamento para aplacar el dolor abdominal porque puede dificultar el diagnóstico médico.

Asma

PUEDE SER MUY GRAVE

El asma bronquial es una patología inflamatoria de las vías aéreas, que se caracteriza por episodios de dificultad en la respiración producto de la obstrucción bronquial parcial o total, desencadenada por una gran variedad de estímulos.

Los episodios o crisis asmáticas están caracterizados por espasmos bronquiales, inflamación de la mucosa (capa más interna del bronquio), y formación de moco más espeso que el habitual. Como consecuencia de estas manifestaciones, la luz de los bronquios se reduce y el aire queda retenido en los alvéolos. De esta manera se explican las reacciones más frecuentes de un ataque de asma: dificultad para respirar, respiración entrecortada, tos y sibilancias ("silbidos").

El asma es una de las enfermedades crónicas más comunes de la infancia. En muchos casos, desaparece cerca de los 6 años. En el resto, puede controlarse eficazmente mediante tratamientos y controles médicos periódicos.

Factores que desencadenan el asma bronquial

• Historia familiar de alergia.

• Exposición permanente a alergenos en el interior del hogar.

• Golpes de frío.

• Infecciones virales repetidas durante la primera infancia.

• Exposición pasiva al humo del tabaco, principalmente cuando la madre es la fumadora.

• Estrés.

Síntomas

• Tos sin expectoración.

• Dificultad para respirar.

• Respiración entrecortada.

• Jadeos.

• Ruidos en el tórax o sibilancias.

- Dolor u opresión en el pecho.
- Sueño nocturno interrumpido.
- Falta de energía.

Tratamiento

El tratamiento tiene dos componentes: la medicación preventiva y la que se emplea frente a las crisis agudas (tratamiento de ataque o de rescate).

Para los ataques de asma, así como para su profilaxis, el médico prescribirá medicamentos dilatadores de los bronquios que pueden administrarse por vía oral, en inhalaciones e incluso, inyecciones.

> **Un ataque de asma debe ser controlado lo antes posible. Si el niño no responde en su casa con los medicamentos ya recetados, ni siquiera en forma de nebulizaciones, diríjase al centro de salud más cercano. Es probable que necesite un tratamiento complejo con asistencia de oxígeno y fármacos varios.**

Recomendaciones

- Si su hijo es asmático, adquiera un nebulizador. Este aparato sirve para que la persona inhale el vapor producido por una solución fisiológica y medicina —que rápidamente alcanza los pulmones— y de esa manera previene o controla un ataque de asma que ya se ha desencadenado.

- Si se encuentra en edad escolar, informe a la escuela sobre la condición del niño y explíqueles cómo deben actuar en caso de un ataque.

- Sustituya por material sintético las plumas u otros elementos naturales que rellenan las almohadas y los almohadones.

- Evite alfombras, tapices y muñecos de peluche en los dormitorios ya que son un buen reservorio de polvo, de caspa de animales y detritus de cucarachas.

- Lave con frecuencia las cortinas del dormitorio y los acolchados que usa el asmático.

- Limpie el cuarto con paños húmedos y aspiradora.

- No use plumeros para remover el polvo.

- Evite las bibliotecas en la habitación, porque los libros acumulan polvo y requiere limpiarlos con mucha frecuencia.

Autismo precoz

El autismo es la incapacidad que manifiesta una persona para establecer relaciones humanas, incluso con sus propios padres. El niño autista muestra desinterés hacia el mundo exterior y ensimismamiento. Esta patología puede aparecer desde el nacimiento o desarrollarse en los primeros dos años y medio de vida.

El niño con autismo se caracteriza por moverse rítmicamente, tiene comportamientos compulsivos, conducta excéntrica y a veces autodestructiva.

Suele reaccionar mal cuando se lo alza o se lo toca.

Según el grado de autismo, puede mostrar grandes dificultades en el habla y en el aprendizaje. A veces, se destaca en campos determinados, como memorizar listas o hacer cálculos aritméticos.

Tratamiento

El médico recomendará una terapia de estímulos y adiestramiento especial que le permita influir poco a poco en el comportamiento del niño. El fin de la terapia es que logre vincularse más con su entorno y si es posible, que pueda expresarse.

Es probable que el especialista recomiende una asistencia terapéutica a la familia para que aprenda a manejar y sobrellevar al niño autista.

Recomendaciones

La equitación y la música son dos actividades que ayudan, en muchos casos, a los niños autistas a conectarse con el mundo exterior.

Bronquitis

La bronquitis es una infección en los bronquios que produce inflamación. El cuerpo combate la infección formando mucosidad en sus pulmones, lo cual dificulta la respiración. Si bien las bronquitis suelen producirse por el mismo virus que provoca el resfrío, existen también las bronquitis bacterianas, aunque son las menos comunes.

Formas de contagio

Por las gotitas de la saliva.

Síntomas

• Goteo nasal.

• Fiebre ligera.

• Tos seca al comienzo y luego con flemas (en las bronquitis virales las flemas son oscuras, en las bacterianas son verdes amarillentas).

• Molestias en el pecho.

• Sibilancias.

• Dificultades respiratorias.

Tratamiento

Usualmente, la bronquitis se cura por sí sola, aunque la tos podría durar varias semanas. Probablemente el médico aconseje paracetamol para bajar la fiebre y disminuir los dolores del cuerpo. A veces, el especialista puede enviar a analizar el esputo. No es recomendable un antitusivo porque evita que el niño expulse las flemas. Si su hijo tiene dificultades para respirar, es probable que le prescriban un broncodilatador.

Recomendaciones

• El niño debe descansar y tomar bastante agua.

• Los masajes en el pecho y la espalda suelen servir para despegar la mucosidad de los pulmones.

• Los baños de inmersión en agua caliente con extractos vegetales de eucalipto y tomillo favorecen la descongestión. Pruebe con el codo la temperatura del agua antes de introducir al niño en la bañadera para evitar quemaduras de grado en su hijo.

• Las nebulizaciones con solución fisiológica ayudan a fluidificar la mucosidad y a su posterior expectoración. Si su hijo es muy pequeño, considere extraerle los mocos con una perita de succión para bebés.

• Coloque un vaporizador con agua y algunas gotitas de aceites esenciales de tea tree, eucalipto y tomillo en la habitación del niño mientras duerme. El aire húmedo combatirá la tos seca del comienzo y lo ayudará a dormir mejor.

• Masajee el pecho del niño con una emulsión para masajes y unas gotitas de aceite esencial de tomillo. También puede utilizar una crema de tomillo. Esta hierba es antiséptica y expectorante.

• Considere elevar el lado de la cama en donde el niño apoya la cabeza cuando duerme, para que las flemas no congestionen la nariz y vayan hacia abajo.

Si su hijo tiene dificultades para respirar usted no debe:

• Esperar a que la condición del niño mejore para buscar asistencia médica. Llame al médico inmediatamente.

• Darle de comer o de beber hasta que se lo indique el médico.

• Colocar almohadas debajo de la cabeza del niño si está acostado porque puede cerrar las vías respiratorias.

Evite

• Comprar medicamentos para la tos sin consultar a su pediatra.

• No permita que se fume en el hogar de un niño enfermo de bronquitis.

ESTRUCTURA DE LA CAVIDAD TORÁCICA

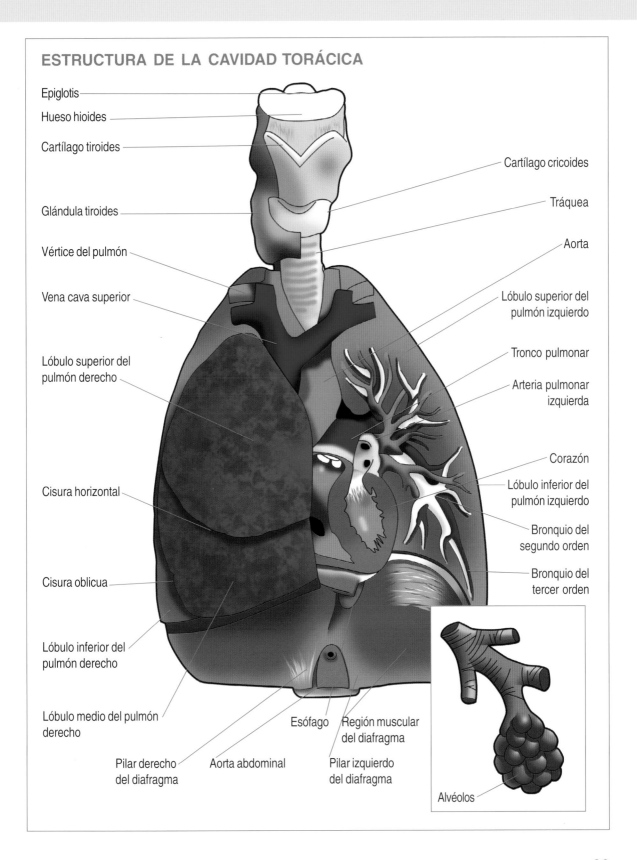

Epiglotis

Hueso hioides

Cartílago tiroides

Glándula tiroides

Vértice del pulmón

Vena cava superior

Lóbulo superior del
pulmón derecho

Cisura horizontal

Cisura oblicua

Lóbulo inferior del
pulmón derecho

Lóbulo medio del pulmón
derecho

Pilar derecho
del diafragma

Aorta abdominal

Esófago

Región muscular
del diafragma

Pilar izquierdo
del diafragma

Cartílago cricoides

Tráquea

Aorta

Lóbulo superior del
pulmón izquierdo

Tronco pulmonar

Arteria pulmonar
izquierda

Corazón

Lóbulo inferior del
pulmón izquierdo

Bronquio del
segundo orden

Bronquio del
tercer orden

Alvéolos

Bronquiolitis

Es una infección en los conductos más pequeños de los pulmones provocada, generalmente, por un virus. Esta patología es más común en los niños menores de un año de edad. La infección hace que los bronquiolos (los pequeños conductos en los pulmones) se inflamen obstruyendo el flujo de aire y dificultando la respiración. Los bebés que padecen bronquiolitis pueden desarrollar asma más adelante. Algunos lactantes necesitan ser hospitalizados para tratar la afección. Las condiciones que aumentan el riesgo de una infección severa incluyen el nacimiento prematuro, una enfermedad pulmonar o cardíaca crónica previa, y un sistema inmunológico debilitado por enfermedades o medicamentos.

Formas de contagio

Se contagia a través del contacto con la mucosidad o la saliva de una persona infectada.

Síntomas

• Los mismos síntomas que un resfrío.

• Tos leve que empeora con el tiempo.

• Fiebre.

• Sueño.

• Vómitos luego de toser.

• Dificultad para alimentarse.

Según la Academia Americana de Pediatría, éstos son los signos a los que debe prestar atención para detectar una bronquiolitis en un bebé.

• Puede ensanchar los orificios de la nariz y contraer los músculos debajo de las costillas en un esfuerzo por hacer llegar más aire a los pulmones.

• Cuando respira, puede gruñir y contraer los músculos del estómago.

• Hará un sonido agudo (silbido) cada vez que exhala.

• Es posible que no pueda ingerir líquidos normalmente porque está haciendo tanto esfuerzo para respirar que tiene dificultades para chupar y deglutir.

• Si se le dificulta demasiado respirar, usted podría observar un color azulado alrededor de los labios y la punta de los dedos (cianosis). Esto indica que las vías respiratorias están tan obstruidas que no le está llegando suficiente oxígeno a la sangre.

• Si su hijo tiene alguno de estos síntomas, diríjase al centro de salud más cercano.

Tratamiento

Se sigue el mismo que en las bronquitis, pero debe prestar especial atención a la coloración en los labios de su hijo. Si se ponen azules, es probable que necesite la ayuda de oxígeno adicional.

Recomendaciones

• Confórtelo para que no llore. El llanto acrecienta la mucosidad.

• Si su hijo es amamantado, ofrézcale el pecho más seguido. Esto servirá para prevenir deshidratación y para mimarlo.

• Si su hijo no se alimenta sólo a base de leche, es probable que su médico le indique que reduzca el consumo de productos lácteos puesto ya que éstos espesan las secreciones.

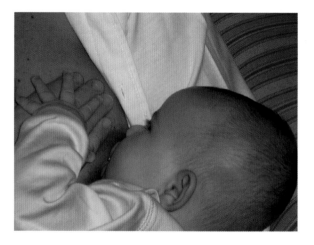

Circuncisión

La circuncisión es la remoción del prepucio en niños saludables, generalmente por motivos religiosos. Sin embargo, algunos varones padecen condiciones médicas como, fimosis, por las cuales la circuncisión puede ser necesaria.

Procedimiento

La circuncisión es una operación quirúrgica segura. Cuando el procedimiento se realiza en bebés, se aplica anestesia local; cuando se lleva a cabo en niños mayores, se aplica anestesia total. En ambos casos, el paciente puede retirarse del sanatorio el mismo día que fue internado para la operación.

Luego de la extracción quirúrgica, el especialista recetará algún medicamento contra el dolor y tal vez, un antibiótico para prevenir infección. En el caso de los bebés, seguramente el médico recomiende aplicar un gel de vaselina para proteger la incisión de la humedad del pañal. Si el niño es mayor, es probable que sugiera compresas de hielo durante las primeras 24 horas.

Evite

Si su hijo ha sido circuncidado, no permita que realice ejercicios físicos vigorosos durante la cicatrización.

Si observa sangrado, infección o enrojecimiento acuda al médico inmediatamente.

Cuando la circuncisión es por decisión de los padres, el procedimiento puede realizarse antes de que el recién nacido salga de la maternidad.

Cólicos

El cólico es un ataque de dolor abdominal que aparece, por lo general, a la tarde. El bebé se retuerce de dolor y llora desconsoladamente por tiempos que pueden extenderse hasta por tres horas.

El llanto excesivo intensifica el cólico ya que aumenta la cantidad de aire que entra en el intestino y provoca más distensión y dolor.

Los cólicos comienzan en la segunda o tercera semana de vida, se acentúan en la sexta y desaparecen alrededor de los tres meses.

Síntomas

• Llanto con alaridos por períodos largos de tiempo.

• El bebé encoge las rodillas contra su abdomen, aprieta las manos, cierra los ojos y frunce el entrecejo.

• La actividad del intestino aumenta y expulsa gases.

Recomendaciones

• Álcelo panza abajo contra su brazo. La presión leve sobre su estómago parece relajarlo.

• Aplique calor en la panza mediante una bolsa de agua caliente. Antes de utilizar, verifique que la bolsa no queme la piel sensible del bebé.

• Masajee la panza de su niño con unas gotitas de aceite esencial de manzanilla. La manzanilla es sedante, carminativa y antiespasmódica.

• Otro recurso para aliviarlo es acostarlo boca arriba y doblarle las piernas contra el abdomen. De esa manera expulsará los gases.

Responda al llanto. Álcelo y consuélelo. Abrácelo fuerte contra su pecho. Investigaciones han demostrado que las madres que responden rápidamente a los llantos tienen hijos más seguros y contentos.

Conjuntivitis

Se llama conjuntivitis a la inflamación de la conjuntiva, que es la membrana anterior del ojo. Las causas para contraerla pueden ser muy variadas. Principalmente se originan por el contagio de virus y bacterias. También pueden padecerlo las personas alérgicas por contacto con sustancias alergénicas, como el polen o los productos cosmetológicos. A veces surgen por obstrucción en el conducto lagrimal y otras por contacto con sustancias irritativas.

Formas de contagio

Cuando es virósica o bacteriana, es altamente contagiosa. La forma de contagio es por contacto. El enfermo debe lavarse muy bien las manos y no debe compartir las toallas o las almohadas.

Síntomas

- Ojos irritados.
- Lagrimeo.
- Ardor.
- Picazón.
- Sensibilidad a la luz.
- Hinchazón de los párpados.

Cuando la infección es bacteriana, suele aparecer una secreción blanca y espesa. Cuando es virósica, la secreción es clara.

Tratamiento

- Como primera medida, el médico intentará encontrar lo que motivó la conjuntivitis. Si es virósica, sólo recomendará baños oculares para mantener limpios los ojos. Si es bacteriana, además de la limpieza, recetará un antibiótico en gotas o en pomada. Si es producto de una reacción alérgica, seguramente prescribirá algún antihistamínico para aliviar la molestia.

Recomendaciones

Las compresas con té negro y tibio por la mañana suelen servir para limpiar los párpados que se pegan con el pus durante la noche.

Evite

No siempre se infectan los dos ojos. Evite el contacto del ojo sano después de limpiar el ojo con conjuntivitis.

Cuando coloque la gota o la pomada, evite apoyar el envase del remedio sobre el ojo.

Si los dos ojos están infectados, recuerde usar una bolita de algodón por cada ojo para limpiarlos. Comience la limpieza desde el ángulo interior del ojo y luego hacia fuera.

Conjuntivitis gonocócica

La conjuntivitis gonocócica es la infección que contrae el bebé durante el alumbramiento, cuando pasa por el conducto vaginal infectado por gonococos.

Se cura mediante tratamiento. Su desatención puede dejar graves secuelas en el niño, como úlceras en la córnea, abscesos, el globo ocular puede perforarse e incluso producir ceguera.

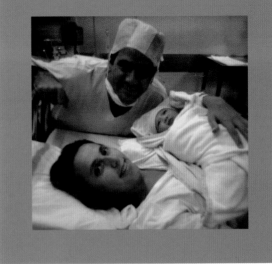

Constipación

La constipación o estreñimiento consiste en evacuaciones dolorosas de materia fecal con consistencia dura, difíciles de expulsar. La persona constipada suele tener evacuaciones esporádicas. Pueden provocar fisuras anales y deposiciones con sangre. Generalmente, el estreñimiento se debe a una dieta pobre en fibras o a poca actividad física. En otros casos, puede ser causada por factores psicológicos como el estrés, hipotiroidismo, hipercalcemia o enfermedad de Parkinson. En ocasiones, la presión de los padres para que el hijo deje los pañales puede ser un factor desencadenante de la constipación.

Síntomas

- Dolor abdominal.
- Dificultad para defecar.
- Heces duras.
- Evacuaciones esporádicas y dolorosas.

Recuerde que es más importante la consistencia de las heces que la frecuencia de las evacuaciones.

Tratamiento

- El médico seguramente recetará una dieta rica en fibras y frutas. Además, propondrá una rutina de ejercicios físicos.
- También puede sugerir la introducción de una cucharadita de vaselina líquida u otra emulsión mineral mezclada en los alimentos.
- Como última instancia, puede recomendar un supositorio de vaselina en niños pequeños; o un laxante o un enema en niños mayores. Pero sólo como último recurso.

Recomendaciones

Para prevenir la constipación, es importante evitar el sedentarismo y es fundamental incluir una dieta rica en fibras, frutas y mucho líquido.

- Reemplace los panes blancos por panes de cereales integrales.
- Además, incluya el jugo de compota de ciruelas y jugo de naranjas.
- Utilice muchas verduras, preferentemente de hoja —como la acelga— en las comidas. Las frutas desecadas, como el higo, pueden ser un gran aliado.
- También incluya yogures y lácteos en general.

Evite

Si su hijo está constipado, evite alimentarlo con manzanas, dulce de membrillo, papa y quesos.

Los laxantes pueden tener graves efectos colaterales, como deshidratación, diarrea e incluso intoxicación. No administre laxantes de venta libre a su hijo sin recomendación médica.

SECCIÓN TRANSVERSAL DE NARIZ, BOCA Y GARGANTA

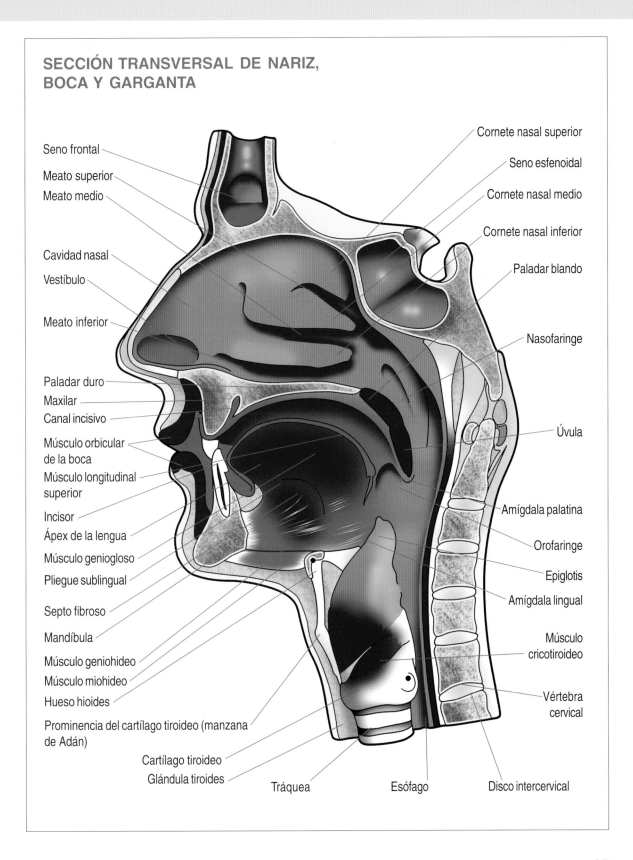

Seno frontal

Meato superior

Meato medio

Cavidad nasal

Vestíbulo

Meato inferior

Paladar duro

Maxilar

Canal incisivo

Músculo orbicular de la boca

Músculo longitudinal superior

Incisor

Ápex de la lengua

Músculo geniogloso

Pliegue sublingual

Septo fibroso

Mandíbula

Músculo geniohideo

Músculo miohideo

Hueso hioides

Prominencia del cartílago tiroideo (manzana de Adán)

Cartílago tiroideo

Glándula tiroides

Tráquea

Esófago

Cornete nasal superior

Seno esfenoidal

Cornete nasal medio

Cornete nasal inferior

Paladar blando

Nasofaringe

Úvula

Amígdala palatina

Orofaringe

Epiglotis

Amígdala lingual

Músculo cricotiroideo

Vértebra cervical

Disco intercervical

APARATO DIGESTIVO

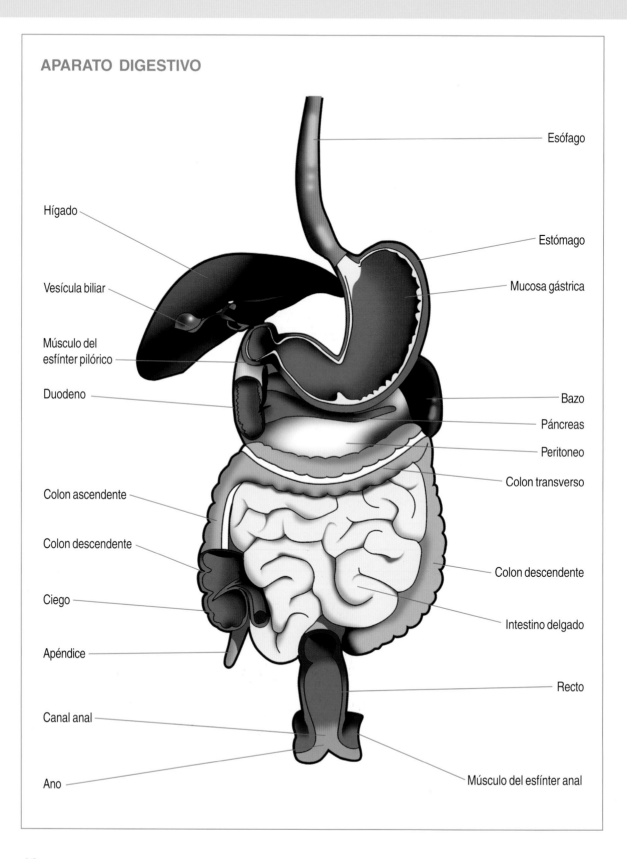

Esófago

Hígado

Estómago

Vesícula biliar

Mucosa gástrica

Músculo del
esfínter pilórico

Duodeno

Bazo

Páncreas

Peritoneo

Colon transverso

Colon ascendente

Colon descendente

Colon descendente

Ciego

Intestino delgado

Apéndice

Recto

Canal anal

Ano

Músculo del esfínter anal

Convulsión

PUEDE SER GRAVE

La convulsión es la respuesta corporal a una descarga eléctrica anormal en el cerebro. Existen muchos motivos para que los niños tengan una convulsión. Las más comunes son aquellas que se producen por una subida abrupta de la temperatura corporal en niños pequeños. Las convulsiones también pueden ser causadas por afecciones como la epilepsia, o por infecciones cerebrales como la meningitis o la encefalitis.

Convulsión febril

Los niños menores de tres años poseen el sistema nervioso inmaduro, por lo que no se adaptan fácilmente a los cambios abruptos de temperatura corporal. Las convulsiones febriles son inducidas por una temperatura superior a los 39 grados. Pueden perder la conciencia por un lapso de hasta 15 minutos. Cuando vuelven en sí, están confundidos o irritables y dormirán varias horas. Las convulsiones febriles **no son dañinas** y generalmente se superan entre los tres y cinco años.

Síntomas

- Pérdida de conciencia, desmayo.
- Espasmo corporal.
- Los ojos se ponen en blanco.
- Pérdida del control de esfínteres.
- Espuma en la boca.
- Vómitos.

Cómo actuar frente a una convulsión

- Si el niño tiene una convulsión, recuéstelo sobre el piso con la cabeza hacia el costado, y asegúrese de que tenga las vías respiratorias abiertas.

- Procure que no se golpee.

- Si está acompañada, indique a la otra persona que llame al médico. Usted quédese al lado del niño.

Tratamiento

Lo primero que el médico intentará averiguar son las causas que produjeron la convulsión. Si se trata de una convulsión febril, recomendará un antitérmico.

Si la convulsión es una manifestación de otra enfermedad, recetará el medicamento correspondiente para dicha afección. Existen drogas anticonvulsivas que sólo son recetadas cuando las convulsiones producen secuelas neurológicas.

Recomendaciones

Cuando el niño tenga temperatura alta, adminístrele un antitérmico, quítele el exceso de ropa y si aún así no baja, báñelo en agua tibia, no fría.

Evite

- Evite perder la compostura. El niño necesita un adulto que lo contenga.

- No introduzca nada en la boca de un niño con una convulsión.

- No pare o siente al niño durante una convulsión.

- No desatienda los síntomas.

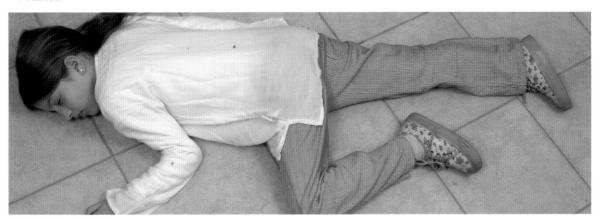

Costra láctea

Dermatitis seborreica

La costra láctea es una reacción de las capas superficiales de la piel que produce escamas, principalmente en el cuero cabelludo y la cara. Comienza en forma gradual y con una descamación amarillenta y grasosa en el cuero cabelludo. Esta caspa no produce caída del cabello y es totalmente inofensiva. Puede extenderse detrás de las orejas, sobre las cejas, en la nariz y en el pecho. En los bebés la costra en la cabeza puede ir acompañada de una dermatitis en la zona del pañal.

Síntomas

• Descamación en el cuero cabelludo.

• Pápulas amarillentas o rojizas detrás de las orejas, sobre las cejas y en el puente de la nariz.

• Picazón.

Tratamiento

• No es una afección grave.

• El médico recomendará frotar la cabeza con algún aceite mineral para desprender la costra, luego peinarlo con un peine para quitar las escamas sueltas y por último, un champú suave. Además, suelen recomendar una crema con ácido salicílico. Sólo si el estado de la dermatitis es muy avanzado, agregará al tratamiento una crema con hidrocortisona.

Recomendaciones

• No lavar la cabeza del niño con tanta frecuencia. Consultar con el pediatra el champú que debe utilizar.

• También puede recurrir al aceite de almendras para sacar las escamas.

• El adulto no debe preocuparse por esta dermatitis.

Evite

• Si bien el masaje debe ser vigoroso, no presione con fuerza la cabeza del bebé.

• Evite desprender las escamas con las uñas.

• No le ponga gorros al niño. Las altas temperaturas producen sudoración y favorecen la aparición de más escamas.

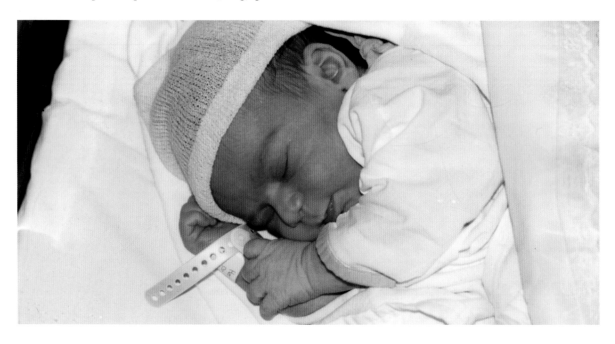

Crup

GRAVE

El crup o laringotraqueitis aguda es una infección virósica de los conductos respiratorios superiores e inferiores. La infección inflama la membrana que recubre los órganos respiratorios, lo que dificulta el paso del aire y por ende, la respiración. Esta afección se manifiesta, generalmente, durante la noche, con ataques de tos y dificultad al respirar.

Afecta principalmente a pequeños de entre seis meses y tres años de edad. Cuando el crup es infectado por el virus de la gripe, pueden contraerlo los niños de hasta siete años.

Existe la posibilidad de desarrollar el crup espasmódico. Se llama de esta manera a los niños que padecen crup con cierta frecuencia. Las personas alérgicas son más propensas a padecer esta enfermedad.

Formas de contagio

De persona a persona. Por contacto con objetos infectados. Por las gotitas de la saliva (estornudos, tos).

Síntomas

• Tos fuerte, carraspeante y ronquera.

• Tos de perro.

• Dificultad y silbidos al inspirar aire.

> Si su hijo tiene un ataque de crup que no cede con el vapor, sus labios están azulados, tiene taquicardia o babea en exceso, diríjase al centro de salud más cercano.

Tratamiento

El crup leve puede ser tratado en el hogar. El niño debe permanecer tranquilo y cómodo. El llanto acrecienta la mucosidad y puede complicar el cuadro. Mantenga la habitación con aire húmedo. El aire del dormitorio puede conservarse húmedo con un humidificador eléctrico o apoyando una cacerola con agua sobre alguna fuente de calor.

Utilice este recurso sólo si es seguro y está fuera del alcance del niño.

Seguramente, el médico recomiende nebulizaciones periódicas con solución fisiológica y algún medicamento para que el niño pueda secretar el moco.

Si el crup no es leve, el niño será hospitalizado. En ese caso, el médico determinará si el niño necesita asistencia ventilatoria mecánica para compensarle los niveles de oxígeno en la sangre.

Recomendaciones

• Duerma con el niño durante la enfermedad para que se sienta acompañado y esté a su lado si le da un ataque en la mitad de la noche.

• Un golpe de frío puede desinflamar el tracto respiratorio mejorándole la respiración al niño. Es por eso que usted puede abrir la puerta del freezer y hacer que su hijo respire aire frío y húmedo durante un minuto. También sirve salir al exterior si es una noche fría, pero asegúrese de abrigar al menor.

• Cerciórese de limpiar bien el vaporizador para que no almacene bacterias que puedan entrar en el organismo del pequeño.

• Si no dispone de un vaporizador, enciérrese con el menor en el cuarto de baño, abra la canilla de agua caliente y permita que el niño respire el vapor.

• Es importante que el niño beba abundante líquido. No lo fuerce a comer.

• Disminuya la cantidad de lácteos, ya que estos favorecen el aumento de la mucosa.

Dentición

La formación de los dientes comienza durante el embarazo. La lámina epitelial primitiva se forma alrededor de la sexta o séptima semana de vida del embrión. Ya en la duodécima, los esbozos dentales van adquiriendo aspectos de cúpula y se hallan implantados en los alvéolos maxilares.

El bebé suele cortar sus primeros dientes entre los seis y ocho meses aproximadamente. Algunos pueden tardar más, lo que no implica ninguna afección. Generalmente los primeros en salir son los dos incisivos inferiores. Suele ser un proceso doloroso para ellos y de mucha ansiedad y entusiasmo para los padres.

Síntomas

• Llanto.

• Hinchazón de las encías.

• Babeo excesivo.

• Fiebre.

• Puede llegar a tener diarrea.

Tratamiento

• Seguramente el médico le recomiende un mordillo para el bebé. El mordillo es un elemento de plástico que suele contener un líquido adentro y que se puede guardar en la heladera para enfriarlo. El niño se lo llevará a la boca y lo morderá. El frío le disminuirá la inflamación de las encías y por ende le aplacará el dolor.

• Si el niño tiene fiebre, el médico le recetará algún antipirético para bajarle la temperatura. En algunos casos, los especialistas pueden sugerir alguna crema anestésica, pero sólo si no es un niño propenso a padecer reacciones alérgicas.

Recomendaciones

Si al niño le está por salir un diente, buscará morder algo duro que lo ayude a cortar la encía. Los adultos

El dentista

A partir de los dos años, el niño debe asistir al dentista por lo menos una vez al año. A esta edad ya tiene cuatro muelas, dos colmillos y los cuatro incisivos en cada mandíbula.

El especialista recomendará un cepillo de dientes acorde con el tamaño de la boca del pequeño y analizará si es necesaria una pasta dentífrica con flúor. Aconsejará a los padres que le laven los dientes como mínimo una vez al día para ir generando el hábito de higiene hasta que el niño pueda hacerlo solo.

A partir de los seis años, los dientes definitivos empiezan a empujar a los de leche para poder salir.

La caries

La caries es el resultado de un proceso bacterial que disuelve la superficie externa del diente, que se llama "esmalte" y avanza hacia el interior del mismo.

Para que una caries prospere es necesario que se desarrolle una bacteria, generalmente el *Streptococcus mutans*, que produce ácido. Como muchas caries no provocan dolor, es necesaria la visita regular al dentista.

Para prevenir la formación de caries es importante una alimentación sana, evitar los azúcares y mantener siempre una buena higiene dental.

pueden darles un pedazo de pan duro, una zanahoria o incluso una cuchara para que el pequeño se lleve a la boca.

Evite

• No deje de amamantar al niño cuando corte sus primeros dientes porque puede tomarlo como un castigo.

• No unte el chupete con dulces (miel, mermeladas, azúcares, dulce de leche).

• No deje al niño con una mamadera que contenga líquido con azúcar por mucho tiempo.

• Evite las bebidas ácidas, tipo cola y las golosinas.

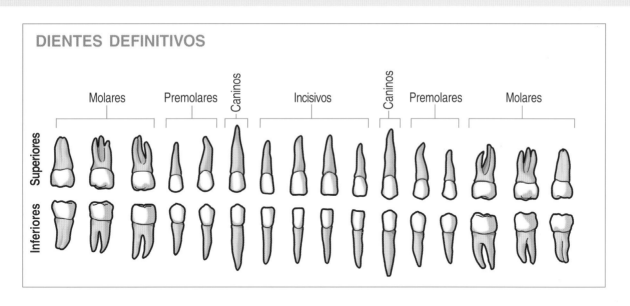

DIENTES DEFINITIVOS

Molares · Premolares · Caninos · Incisivos · Caninos · Premolares · Molares

Superiores

Inferiores

Dermatitis atópica

La dermatitis atópica es una hipersensibilidad de la piel que se manifiesta a través de una inflamación con erupciones pruriginosas y escamosas. Se llama atópica porque generalmente la padecen quienes sufren o tienen antecedentes familiares de asma, fiebre de heno o alergia. Es una afección crónica y muy común en la niñez que suele mejorar con los años.

En niños menores de 2 años, las lesiones de piel empiezan generalmente en las mejillas, en la parte interior de los codos o detrás de las rodillas. Se pueden propagar al cuello, las manos, los pies y los párpados.

Factores que pueden desencadenar y/o empeorar una dermatitis atópica

- Sustancias alergénicas (como el polen, los ácaros, los pelos de mascotas y ciertos alimentos).
- Productos químicos (como disolventes, pinturas, detergentes, perfumes y jabones).
- Alimentos (frutillas, tomate, huevo, leche).
- Telas sintéticas.
- Humo.
- Sudoración.
- Cambios de temperatura abruptos.
- Clima seco y frío.

Síntomas

- Piel seca y sensible.
- Picazón.
- Enrojecimiento.
- Erupción en las mejillas, en los brazos y en las piernas.
- Eccema.
- Grietas detrás de las orejas.
- Lesiones y hasta ampollas.
- Son más propensos a desarrollar moluscos contagiosos (verruguitas).

Tratamiento

- Seguramente, el dermatólogo recomendará utilizar un jabón suave, baños de agua tibia y no caliente, y aplicar una loción humectante sobre la piel luego del baño. La piel se debe secar en forma suave, dando golpecitos y no frotando.
- Si la dermatitis es muy severa, es probable que su médico recomiende una crema con cortisona (esteroide) para que sea aplicada sobre el área afectada, y hasta algún elemento oleoso para incluir en el baño del niño.

Recomendaciones

- Vista al niño con ropas de algodón.
- Utilice jabones neutros o de glicerina.
- Evite los suavizantes de la ropa.
- Hidrate la piel del niño con cremas. Los jabones y las cremas que contienen avena son muy beneficiosas para la humectación de la piel del niño en caso de dermatitis atópica.
- Consulte con el pediatra sobre la utilización de alguna loción que calme la picazón.
- Los deportes vigorosos pueden acentuar la erupción.

Evite

- No utilice cremas con cortisona sin receta médica.
- Si es posible, evite que el niño se rasque. Puede provocarse lesiones en la piel y éstas desembocar en infecciones.

Dermatitis de pañal

Es la inflamación de la piel en la zona del pañal, producida por sensibilidad del niño ala humedad de la orina o las heces, los químicos que contienen los pañales industriales, o infecciones por hongos o bacterias.

Una forma de diferenciar una dermatitis de una micosis es que la dermatitis afecta a las partes convexas del pañal, mientras que los hongos se manifiestan en los pliegues de la zona.

Síntomas

• Zona irritada, enrojecida.

• Erupción y hasta ampollas que rezumen.

• El niño está intranquilo y llora.

Tratamiento

• Como primera medida, el médico intentará encontrar las causas de la dermatitis. Si es por la humedad del pañal, recomendará cambiarlo con mayor frecuencia. Si es una reacción alérgica, además de sugerirle el cambio de marca del pañal, le recetará una crema que calme el eritema.

• Si es por una bacteria, recetará un antibiótico, y si es un hongo, un antimicótico.

• El talco no es recomendable porque podría secar demasiado la piel. Tampoco utilice fécula de maíz, ya que puede favorecer la proliferación de hongos, como la cándida.

• Es probable que le recete una crema con óxido de zinc o a base de petróleo (vaselina) para nutrir la zona y mantenerla protegida de la humedad.

Recomendaciones

• Cambie el pañal con frecuencia para evitar que la zona esté húmeda.

• Si es posible, deje desnudo al niño por un tiempo.

• Utilice óleo calcáreo, aceite de cocina o agua tibia para limpiar la cola del niño sin resecarla. Los jabones pueden eliminar la grasitud normal de la piel.

> La Academia Americana de médicos de familia recomienda no usar cremas que contengan ácido bórico, alcanfor, fenol, metilo, salicilato o tintura de benzoina porque pueden ser dañinos.

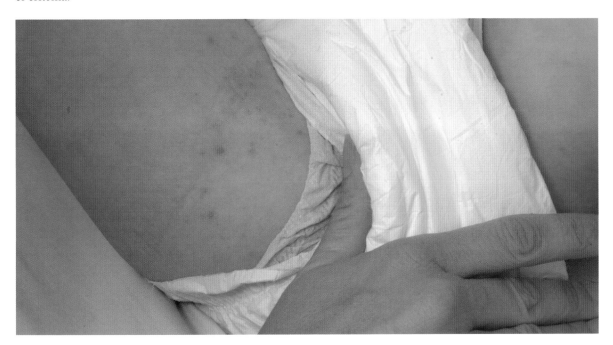

Deshidratación

PUEDE SER MUY GRAVE

La deshidratación es una deficiencia de líquidos en el cuerpo. Se produce cuando el organismo elimina mayor cantidad de agua de la que ingiere. Generalmente el niño se deshidrata como consecuencia de una diarrea, vómitos, fiebre, sudoración o por un bajo consumo de líquidos. En ocasiones, puede ser el síntoma de otra enfermedad como la diabetes miellitus o diabetes insípida o la enfermedad de Addison.

La deshidratación grave provoca la caída abrupta en los niveles de sales, minerales y de sangre.

> **Cuánto menor es el niño, más rápido se deshidrata.**

Síntomas

- Boca seca.
- Ojos hundidos.
- Decaimiento.
- En caso de bebés: fontanelas hundidas.
- Llanto sin lágrimas.
- Orina con menos frecuencia de lo normal.
- Mareo.
- Confusión mental.
- Caída en la presión arterial.

Tratamiento

Como primera medida, el médico intentará encontrar las causas que provocaron la deshidratación. Si la deshidratación es leve, recomendará la ingesta de bebidas isotónicas para compensar los niveles de sodio y de potasio. Si la deshidratación es grave, entonces el niño deberá ser hospitalizado para que se le administren por vía intravenosa soluciones con cloruro de sodio.

Si la deshidratación es producto de una diarrea, entonces el médico deberá, además de compensar los niveles de líquido, intentar frenar la diarrea. Si el niño tiene vómitos, seguramente el médico le sugiera darle la bebida de a cucharaditas espaciadas, según la tolerancia que manifieste al líquido. Si la ingesta de líquidos no es posible mediante vía oral, el especialista evaluará si es necesaria la hospitalización de la persona para compensarle los líquidos por vía intravenosa.

Recomendaciones

Las bebidas deportivas saborizadas son muy útiles para reponer sales y minerales perdidas como consecuencia de una deshidratación.

Diarrea

PUEDE SER GRAVE

La diarrea es un trastorno digestivo que se caracteriza por el aumento en el número, la fluidez y el volumen de las evacuaciones. Las causas pueden ser varias: infecciones gastrointestinales producidas por bacterias, virus o parásitos; intolerancias a ciertos alimentos; exceso en jugos de frutas; comida en mal estado, intoxicación, incluso deficiencias enzimáticas.

En niños de seis meses, la dentición puede provocar un ataque de diarrea.

Formas de contagio

Por contacto con las heces; por ejemplo, al ir al baño y no lavarse las manos; o cuando cambia los pañales a un bebé enfermo.

Síntomas

• Defecaciones más seguidas de consistencia líquida o semilíquida.

• Dolor abdominal.

• Llanto.

• Irritabilidad.

Consulte al médico

• Si va acompañada de vómitos y fiebre.

• Si el niño está muy decaído.

• Si tiene síntomas de deshidratación (fontanelas hundidas, ojos hundidos, llanto sin lágrimas, no orina, sequedad en la boca).

• Si ya tuvo varios episodios de diarrea en el último tiempo.

• Si es menor de un año.

• Si las deposiciones contienen moco, pus, grasas o sangre.

Tratamiento

• Como primera medida, el médico buscará el origen de la diarrea.

• Si es una diarrea persistente o si hay indicios de que puede ser producto de una enfermedad, como el cólera, seguramente tome una muestra de las heces y las mande a examinar. Si es debido a una intoxicación grave, seguramente el niño sea hospitalizado.

El tratamiento de la diarrea consiste básicamente, en prevenir la deshidratación. El pediatra recomendará una dieta líquida para evitarla (agua de arroz, té, bebidas isotónicas) y suspenderá alimentos sólidos al menos por 24 horas. Si el niño pasa 24 horas sin hacer deposiciones, el especialista incluirá gradualmente alimentos astringentes, como el arroz, la polenta, el dulce de membrillo, los quesos duros y la manzana rallada en la dieta del niño.

El médico evaluará si son necesarias las sales de hidratación o los medicamentos para frenar las evacuaciones.

> **El bebé alimentado a pecho, debe seguir alimentándose de esa manera.**

Recomendaciones

Si su niño usa pañales, lleve un pañal con las deposiciones al médico para que el especialista lo examine.

Para prevenirla es necesario:

• Mantener una buena higiene en la cocina y el hogar.

• Lavarse las manos con frecuencia.

• Lavar bien los alimentos que se van a comer.

• Beber agua potable.

• Mantener las cadenas de frío de los alimentos que necesitan refrigeración.

• Mantener fuera del alcance de los niños todo medicamento o artículo de limpieza.

Evite

• Darle al niño alimentos de dudoso estado.

• Hidratar al pequeño con agua de la canilla si tiene dudas sobre su potabilidad.

• No medique al niño con medicamentos antidiarreicos sin consentimiento médico.

Diabetes miellitus

NECESITA CONTROL PERMANENTE

La diabetes es un trastorno en los valores de azúcar en la sangre, debido a una carencia total o parcial de insulina. La insulina es una hormona que produce el páncreas, y que ayuda a convertir la glucosa en energía para mantener el cuerpo saludable. Cuando la persona diabética se alimenta, el azúcar que circula por la sangre no es asimilada por las células. Esta hiperglucemia produce cansancio, pérdida de peso, hormigueos en las manos y en los pies, micciones frecuentes y sed.

Una diabetes no tratada puede generar graves consecuencias para la salud de la persona, como infecciones difíciles de curar, gangrenas, trastornos en la visión, ceguera, daño crónico de los nervios, insuficiencia renal, diarreas, dificultades en la deglución e insuficiencias cardíacas entre otros padecimientos.

Hay diferentes tipos de diabetes:

Tipo 1: son las personas *insulinodependientes*. El 90 % de las células que producen insulina son destruidas de una forma irreversible, por lo que debe recibir inyecciones de insulina todos los días de su vida. Es una afección grave. Los diabéticos tipo 1 son aquellos que desarrollan la enfermedad antes de los 30 años por eso es también conocida como la diabetes juvenil.

Tipo 2: no son i*nsulinodependientes*. El páncreas produce insulina, pero el organismo desarrolla una resistencia a sus efectos y el resultado es un déficit insulínico. Aunque pueden padecerla niños y adolescentes, es más común en personas mayores de edad, obesos, con altos índices de colesterol, que no hacen ejercicios físicos, con antecedentes de diabetes en la familia, mujeres que tuvieron diabetes durante su embarazo e incluso algunas etnias determinadas. Se controla con pastillas, eventuales inyecciones de insulina, ejercicio físico y dieta.

La diabetes gestacional es la que aparece durante el embarazo y desaparece con el parto. Es importante su diagnóstico y tratamiento para lograr un embarazo normal. El 50 % de las mujeres que presentan diabetes gestacional tendrán otro tipo de diabetes con el tiempo.

Formas de adquirirla

La diabetes no se contagia. Se necesita de una predisposición genética para contraerla y hay distintos factores que la desencadenan, como las infecciones, las intervenciones quirúrgicas, el embarazo, la menopausia, las emociones y la obesidad.

Síntomas

• Cansancio.

• Apetito exagerado (polifagia).

• Sed intensa (polidipsia).

• Micción frecuente (poliuria).

• Cambios en la visión.

• Pérdida de peso abrupta.

En las diabetes de Tipo 1, los síntomas pueden manifestarse en forma súbita y desencadenar en una *Cetoacidosis diabética* (cuando las células no pueden tomar el azúcar de la sangre por falta de insulina, las células grasas se descomponen produciendo químicos tóxicos que provocan acidez en la sangre). Los síntomas de la cetoacidosis son: micciones frecuentes, sed, pérdida de peso, náuseas, vómitos, dolor abdominal, agotamiento y aliento con olor a acetona (como el quitaesmalte de uñas). Si la cetoacidosis diabética no se trata, puede llevar a la persona a un coma.

Cuando la diabetes es de Tipo 2 pueden sumarse los siguientes síntomas:

Infecciones varias; cortes y moretones que tardan en sanar; hormigueo o insensibilidad en las manos o los pies; infecciones en a piel, las encías o la vejiga.

> **¡Atención!**
>
> **Si usted está junto a una persona diabética que se encuentra pálida, sudorosa, con posible desvanecimiento o confusión mental, súbale los niveles de azúcar mediante bebidas dulces, chocolates, golosinas o cucharadas de azúcar.**
>
> **Si la persona perdió el conocimiento, no le dé nada para comer o beber. Recuéstela en posición de recuperación y llame al médico inmediatamente.**

Tratamiento

Como primera medida, el médico hará análisis clínicos para comprobar si tiene diabetes miellitus y de qué tipo es. Luego iniciará un tratamiento junto a los padres del pequeño.

> Es fundamental que los padres tomen conciencia de lo que significa esta enfermedad, que sepan acompañar al niño emocionalmente y educarlo para que tome las medidas necesarias para controlarla.

La persona con diabetes debe medir sus niveles de azúcar en sangre con regularidad. Hoy en día este procedimiento es muy simple y puede realizarse en el hogar. Los medidores son aparatos del tamaño de un bolígrafo que mediante un pinchazo obtienen una gotita de sangre que se coloca sobre una tira reactiva que confirma el nivel de glucosa.

Si la persona padece diabetes Tipo 1, deberá recibir inyecciones de insulina diariamente. En las personas con diabetes Tipo 2, probablemente necesiten píldoras de insulina. En todos los casos es fundamental seguir una dieta específica y un régimen de ejercicios físicos.

En ocasiones, la dieta y los fármacos que se utilizan para controlar la enfermedad pueden provocar una *hipoglucemia*. La hipoglucemia se produce cuando los niveles de azúcar en la sangre caen por debajo de los índices normales. Se manifiesta a través de temblores, sudor, confusión, ansiedad, hambre y dolor de cabeza. Como la hipoglucemia puede acarrear consecuencias muy graves, es común que los tratamientos para diabéticos también incluyan fármacos que la eviten.

Recomendaciones

Es importante que informe a los adultos que participan de la vida del hijo sobre su enfermedad. No descarte enviar una cartilla con indicaciones sobre lo que el niño debe comer y qué medicinas debe recibir al establecimiento escolar.

Visite con regularidad al médico. Consulte sobre rutinas de ejercicios físicos.

Evite

Evite que el niño maneje sus medicinas. La diabetes es una enfermedad muy compleja para que un pequeño se autocontrole.

Displasia de caderas

La displasia de caderas es una anormalidad en la formación de la cadera. La luxación y la displasia son dos problemas relativamente frecuentes en el recién nacido.

La enfermedad es evolutiva. Si no se trata, el niño puede desarrollar complicaciones como osteoartritis degenerativa, marcha anormal y diferencia en la longitud de los miembros inferiores. El diagnóstico precoz ayuda a iniciar un rápido tratamiento que favorece a la recuperación del niño evitando futuras incapacidades.

Factores que inciden o que pueden desencadenar una displasia

- Antecedentes hereditarios.
- Posición podálica o de nalgas antes de nacer.
- Falta de espacio en el útero.
- Falta de líquido amniótico.
- Madres primerizas.
- Niños prematuros.
- Sexo femenino.
- Raza blanca.

Síntomas

- La displasia se diagnostica durante los exámenes periódicos que se le hacen a un recién nacido. Cuando el pediatra examina al bebé, le observa las extremidades y controla las caderas mediante unas maniobras conocidas como Maniobra de Ortholani y Maniobra de Barlow. Es común acompañar el control con una ecografía para quitarse las dudas.

- En niños menores a las doce semanas, las caderas suelen hacer un chasquido cuando se le aplican maniobras de Ortholani o Barlow.

- En niños mayores de tres meses los síntomas se manifiestan a través de la dismetría en las piernas, en la asimetría en los pliegues cutáneos de la ingle y cojera.

- En niños mayores, la radiografía de cadera es un método eficaz para su detección.

Tratamiento

En casos leves, se los puede corregir con el uso de un doble pañal. Es frecuente la colocación del Arnés de Pavlik. La duración del tratamiento depende de la evolución del bebé. En casos graves o en niños mayores, el traumatólogo puede sugerir una cirugía correctiva.

Recomendaciones

- No desatienda los controles pediátricos.

Evite

- Aunque note a su bebé incómodo por el arnés, no abandone el tratamiento.

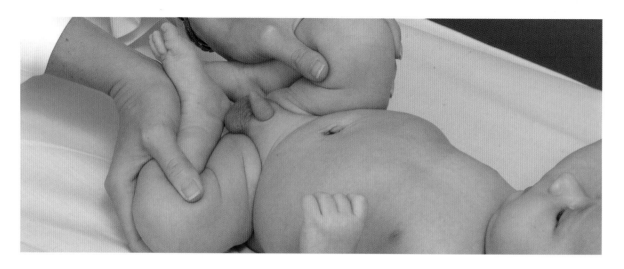

Eccematide acromiante

La eccematide acromiante o pitiriasis alba es un proceso inflamatorio benigno de la piel que provoca manchas blancas en la cara o los miembros. Las personas que padecen dermatitis atópica son más propensas a contraerlo. En verano se observan más, cuando la piel se broncea exceptuando el lugar de las manchas. Es común en niños de entre tres y dieciséis años. Comúnmente llamadas "canchas", suelen confundirse con hongos por su forma y color.

Síntomas

• Manchas blancas redondeadas que van de 0,5 a 2 cm de diámetro con fina descamación.

Tratamiento

• La eccematide acromiante suele tratarse con cremas emolientes. Su evolución tarda varios meses.

Recomendaciones

• Tenga paciencia, su curación lleva tiempo.

• Consulte con el dermatólogo ya que en algunos casos la aparición de una pitiriasis alba puede estar asociada a focos sépticos, como por ejemplo, parasitosis intestinal.

Encefalitis

MUY GRAVE

La encefalitis es una inflamación del cerebro provocada generalmente, por un virus que afecta al sistema nervioso central. Entre los virus que pueden desencadenar esta infección cerebral se encuentran: el virus de herpes simple, el virus de la rabia, el adenovirus. A veces puede desarrollarse como una complicación de la varicela, las paperas o el sarampión.

Formas de contagio

Por contacto con personas infectadas; por inhalación de las gotitas respiratorias de una persona enferma; por ingestión de alimentos y bebidas contaminados; y hasta por picadura de insectos.

Síntomas

• Malestar general.

• Dolor de cabeza.

• Fiebre.

• Rigidez en la nuca.

• Confusión mental.

• Entumecimientos.

• Convulsiones.

• Vómitos.

• Pérdida de conocimiento.

Tratamiento

Como primera medida, el médico intentará determinar si es o no una encefalopatía y de qué tipo es. Para eso llevará a cabo varios análisis clínicos. Es probable que haga una punción lumbar, que solicite una serología, pida un electroencefalograma y una tomografía computada o una resonancia magnética. Generalmente los virus no requieren tratamiento, pero en el caso de la infección por el virus del herpes simple puede administrarse aciclovir. Una encefalitis producida por este virus puede dejar secuelas graves en la persona.

CEREBRO

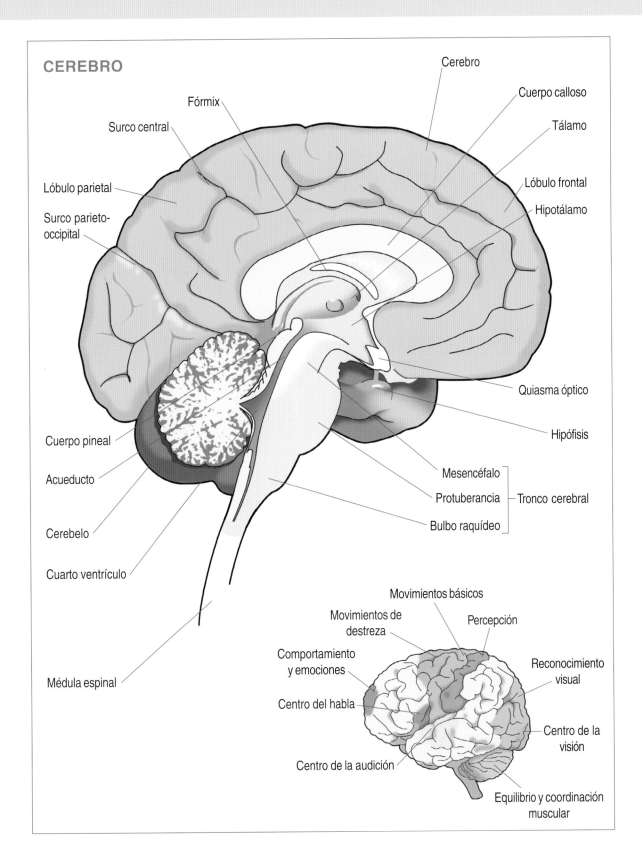

- Cerebro
- Cuerpo calloso
- Tálamo
- Lóbulo frontal
- Hipotálamo
- Fórmix
- Surco central
- Lóbulo parietal
- Surco parieto-occipital
- Quiasma óptico
- Hipófisis
- Cuerpo pineal
- Acueducto
- Mesencéfalo ⎤
- Protuberancia ⎬ Tronco cerebral
- Bulbo raquídeo ⎦
- Cerebelo
- Cuarto ventrículo
- Médula espinal

- Movimientos básicos
- Movimientos de destreza
- Percepción
- Comportamiento y emociones
- Reconocimiento visual
- Centro del habla
- Centro de la visión
- Centro de la audición
- Equilibrio y coordinación muscular

Recomendaciones

• Bajo ningún concepto intente manejar esta afección en su hogar.

Evite

• Evite medicar al niño sin consentimiento médico.

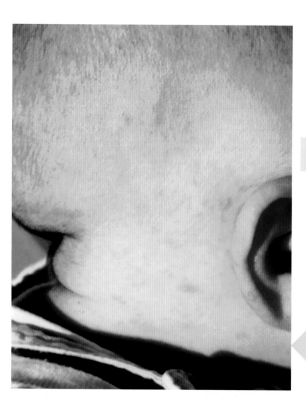

Enuresis

La enuresis es la micción involuntaria durante la noche en niños mayores de cinco años, aproximadamente. La continencia nocturna es el último paso en el desarrollo del niño con respecto al control de esfínteres. Alrededor del 30% de los niños sigue mojando la cama a los cuatro años y el 10 % a los seis. Existe la probabilidad de enuresis por infección en las vías urinarias. Por lo general, suele estar más asociada a una causa psicológica, a un síntoma de maduración o simplemente a un niño de sueño muy pesado. Es más frecuente en varones que en mujeres. Puede haber recaídas luego de un hecho estresante o una enfermedad.

Síntomas

• Micción accidental durante el sueño.

Tratamiento

Hay varias maneras de enfrentar el tema. Lo primero y principal es descartar una infección urinaria. Es fundamental que los padres acompañen al niño en el trance. Los retos y los castigos no han demostrado resultados exitosos.

Es probable que su pediatra le recomiende una terapia de comportamiento y, si eso no resulta, existen alarmas económicas y simples de instalar que despiertan al niño cuando comienza a orinar. Ante todo, es importante que su hijo no se sienta culpable.

Recomendaciones

• Establecer la rutina de orinar antes de ir a dormir.

• Evitar la ingestión abundante de líquidos dos o tres horas antes de acostarse.

• Llevar un calendario en donde el niño pueda marcar las noches que no mojó la cama.

• Elogiar y recompensarlo después de un lapso de tiempo (una semana, por ejemplo) de no orinar en la cama.

Evite

• Los castigos y la culpa.

Epilepsia

La epilepsia es un trastorno caracterizado por la tendencia a sufrir convulsiones recurrentes. Las convulsiones son descargas eléctricas anormales en el cerebro. Cuando este desorden neurológico se manifiesta antes de los dos años, suele estar causado por defectos o lesiones cerebrales —por golpes, o falta de oxígeno al nacer—, desequilibrio en la sangre o fiebres muy elevadas. En algunos casos es difícil establecer la causa de una convulsión. En algunas personas existe una anomalía hereditaria que afecta a las neuronas del cerebro y que puede desembocar en una epilepsia.

Síntomas

• Los ataques de epilepsia se denominan "crisis". De acuerdo con la intensidad de la crisis puede ser parcial o generalizada y simple o compleja.

De las convulsiones parciales simples

• Contracciones musculares de una parte específica del cuerpo.

• Sensibilidad anormal.

• Pueden presentarse náusea, sudoración, enrojecimiento de la piel y pupilas dilatadas.

De las convulsiones parciales complejas

• Automatismo.

• Sensibilidad anormal.

• Pueden presentarse náusea, sudoración, enrojecimiento de la piel y pupilas dilatadas.

• Emociones recordadas o inapropiadas.

• Cambios en la personalidad o agudeza mental.

• Se puede perder o no el conocimiento.

• Alucinaciones o alteraciones olfativas (olor) o gustativas (sabor), si la epilepsia está focalizada en el lóbulo temporal del cerebro.

• Cuando las convulsiones son generalizadas pueden ser de "pequeño mal" o de "gran mal".

De las convulsiones de "pequeño mal"

• Pérdida repentina y breve del conocimiento o la actividad consciente que puede durar sólo unos segundos, movimientos mínimos o inmovilidad, se repite muchas veces, ocurre más a menudo en la niñez, disminución del aprendizaje (con frecuencia se cree que el niño sueña despierto)

De las convulsiones de "gran mal"

• Contracciones musculares, incontinencia, pérdida de la conciencia.

• Mordeduras de la lengua o la mejilla, confusión después de la convulsión.

• Debilidad muscular (parálisis de Todd).

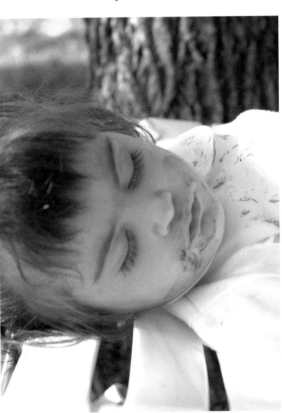

Tratamiento

• Como primera medida el médico preguntará si el niño ha tenido convulsiones recurrentes. Si es así, pedirá varios análisis de sangre y exigirá un electroencefalograma para buscar el origen de estas convulsiones.

• El EEG es un análisis que lee la actividad eléctrica del cerebro. En algunos casos, puede indicar la ubicación de una lesión que está provocando convulsiones.

• Cuando el diagnóstico de epilepsia se confirma, el médico seguramente recetará un anticonvulsionante para uso preventivo y a largo plazo.

• Las personas con epilepsia pueden ayudar a controlar sus ataques llevando una dieta balanceada, tomando regularmente los medicamentos recetados, manteniendo su ciclo normal de sueño y un balance emocional. La visita médica periódica es fundamental.

Recomendaciones

• Es importante que los padres informen al personal de la escuela sobre la condición del hijo, y qué hacer frente a una crisis epiléptica.

• Se recomienda el uso de una placa informativa sobre la condición del niño y pasos a seguir frente a una convulsión.

Qué hacer frente a un ataque de epilepsia

• Aleje los objetos con los que el niño pueda golpearse.

• Desabróchele la ropa que pueda oprimirle el cuello.

• No intente introducirle nada en la boca para evitar que se muerda la lengua.

• No busque sujetar los miembros en convulsión.

• Quédese al lado de él.

• Una vez que haya pasado la convulsión:

• Acomódelo en la posición de recuperación.

• Límpiele suavemente la espuma de la boca.

• Déjelo tranquilo.

Escoliosis

Se llama escoliosis a una curvatura anormal y lateral en la columna vertebral.

Existen varias causas para desarrollarla aunque en muchos casos no se la encuentre. Puede ser congénita (tiene que ver con la formación de la columna durante la gestación del niño); como consecuencia de otras enfermedades, como la poliomielitis, la espina bífida, la distrofia muscular o incluso la parálisis cerebral e idiopática (por causas desconocidas). La más frecuente es por mala postura. Es más común en mujeres que en hombres. Suele haber cierta predisposición familiar.

Cuando la columna está muy desviada, un hombro, las costillas y las caderas pueden sobresalir más de un lado que del otro.

Síntomas

• Hombros y pelvis no alineados.

• Dolor en la parte baja de la espalda.

• Dolor luego de estar muchas horas sentado.

Tratamiento

Según el grado en la desviación de la columna, la escoliosis puede o no ser percibida a simple vista. En muchas ocasiones, las descubren los maestros en las escuelas. Por otra parte, los pediatras suelen incluir una exploración de la columna en los controles médicos periódicos del niño, que es totalmente indolora.

Según el grado y la altura en que se produce la desviación, es el tratamiento que el traumatólogo recomienda. A veces se necesita usar aparatos ortopédicos para impedir que la columna se siga torciendo. Si ese tratamiento no resulta o la escoliosis es progresiva, es probable que el médico recomiende una cirugía.

En muchos casos se recomienda kinesioterapia física para corregir la postura y la práctica periódica de deportes que fortalezcan los músculos de la columna y el tórax, como la natación y las artes marciales.

Recomendaciones

Una manera de comprobar si el niño tiene la columna desviada es pedirle al pequeño que se pare con los pies juntos y las piernas extendidas, y luego se incline hacia adelante. El adulto se para detrás del niño y puede observar si sobresale o no un lado de la espalda mientras éste se encuentra inclinado.

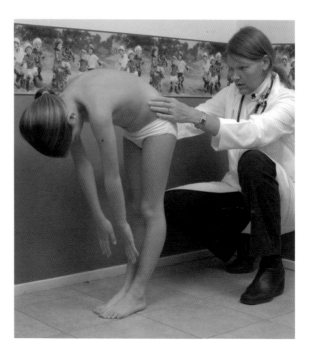

Escarlatina

Es una infección en la garganta producida por las bacterias estreptocócicas beta hemolíticas del grupo A. La bacteria genera una toxina que provoca una erupción, que aparece generalmente en el cuello, en la cara, en el tórax y luego se disemina por el cuerpo.

En los comienzos de la enfermedad, la erupción se parece a una quemadura de sol con pequeñas pápulas que provocan picazón. Usualmente, las áreas donde hay erupción se ponen blancas cuando se aprietan.

Formas de contagio

Por contacto con personas u objetos infectados (como tenedores, vasos, toallas y saliva).

Síntomas

• Fiebre alta.

• Malestar general.

• Náuseas.

• Vómitos.

• Lengua blanca, luego hinchada y enrojecida (lengua como una fresa).

• Erupción en el cuello y en la cara, dejando una zona pálida alrededor de la boca.

• Líneas de Pastia (línea de vetas rojas en los dobleces del cuerpo, especialmente en las axilas y codos).

• Piel de lija, escamosa.

Tratamiento

Seguramente el médico tome una muestra de la garganta mediante un hisopado (frotis faríngeo) para confirmar la presencia de los estreptococos del grupo A. Una vez corroborada la enfermedad, recetará una terapia con penicilina u otro tipo de antibióticos. Es probable que también le recete un antipirético para bajar la fiebre.

> **Es muy importante tratar la escarlatina porque su desatención puede generar complicaciones, como fiebre reumática o problemas renales.**

Recomendaciones

• Mantenga los utensilios de comida y los elementos de higiene del niño enfermo separados de los del resto de la familia.

• Lávese las manos con frecuencia mientras atiende al niño.

• Aliméntelo con alimentos tibios, no picantes e incluya muchos alimentos líquidos o semilíquidos. Dele té, sopas nutritivas, refrescos, batidos de leche y helados.

• Las gárgaras con té de manzanilla pueden aplacar el dolor.

• Si el niño es mayor, puede recomendarle gárgaras con agua salada y/o té negro para suavizar el dolor de garganta.

• Recórtele las uñas para evitar que se dañe e infecte la piel al rascarse.

Espina bífida

La espina bífida es una enfermedad congénita que produce que la columna vertebral y el canal medular no se cierren completamente debido a una anomalía en el desarrollo de una o más vértebras. Conocida también como «espina abierta», en algunos casos este padecimiento es oculto y benigno porque la médula y las meninges permanecen en su lugar y la piel recubre el defecto que provoca la malformación. Pero en casos más graves, como la meningocele y la mielocele, la médula y las membranas protruyen por la espalda. Esta protuberancia expone al tejido nervioso a golpes, cortes, daños e infecciones. La mayoría de los defectos ocurren en el área lumbar inferior o sacra porque es la última parte de la columna en cerrarse.

Si bien se desconocen las causas que la provocan, la falta de ácido fólico durante la primera etapa del embarazo tiene mucha incidencia. Por otra parte, las madres que hayan tenido hijos con espina bífida tienen más probabilidades de concebir otros niños con el mismo padecimiento.

Síntomas

• Depresión en la columna.

• Pigmentación y/o mechón de pelo en la zona afectada.

• Quiste sólo de membranas en la espalda a la altura de la lesión (meningocele).

• Protuberancia que contiene líquido que parece carne viva (mielocele)

• Falta de sensibilidad.

• Pérdida del control de esfínteres.

• Parálisis.

• Discapacidades.

Tratamiento

Esta afección puede ser diagnosticada mediante una ecografía en los exámenes de rutina de la mujer embarazada.

Si la lesión es leve, no necesita tratamiento. Si es grave, es probable que el médico recomiende una cirugía para cerrar la zona expuesta y evitar más daños.

En ocasiones, el especialista puede recomendar una terapia con antibióticos para prevenir infecciones temporales.

> **Es importante seguir de cerca al niño con esta enfermedad para controlar hidrocefalias, evitar anomalías en la vejiga y el riñón y parálisis en las extremidades.**

Recomendaciones

Es importante consultar al ginecólogo por suplementos de ácido fólico previo a la concepción y durante el primer trimestre del embarazo.

Estrabismo

El estrabismo es la mala alineación de un ojo con respecto al otro debido a una disfunción o parálisis de uno o varios músculos del ojo. Normalmente, los globos oculares se mueven a la misma vez produciendo, prácticamente, una sola imagen en el cerebro. Cuando los ojos no están alineados y no se mueven para el mismo lado, el cerebro recibe dos imágenes que no puede fundir y que producen la visión doble o borrosa. Para evitar la imagen doble, el cerebro anula el enfoque del ojo estrábico (ambliopía). Al anular la visión de un ojo, se pierde la tridimensionalidad de la vista.

> **Es muy importante la detección precoz para poder corregir el estrabismo. Su desatención puede derivar en la ceguera irrecuperable del ojo afectado.**

Síntomas

- Ojos desviados.
- Mirada bizca.
- Dolores de cabeza.

Tratamiento

Si el estrabismo es leve, seguramente el oculista le recete al niño un par de anteojos. Es probable también, que le recomiende tapar el ojo sano por un tiempo para ejercitar la potencia del ojo afectado.

Sólo si es muy grave, el médico recomendará una cirugía correctiva de los músculos oculares.

Recomendaciones

Hay varios ejercicios que se pueden realizar en el hogar para poder ejercitar los músculos oculares.

ESQUEMA DEL OJO

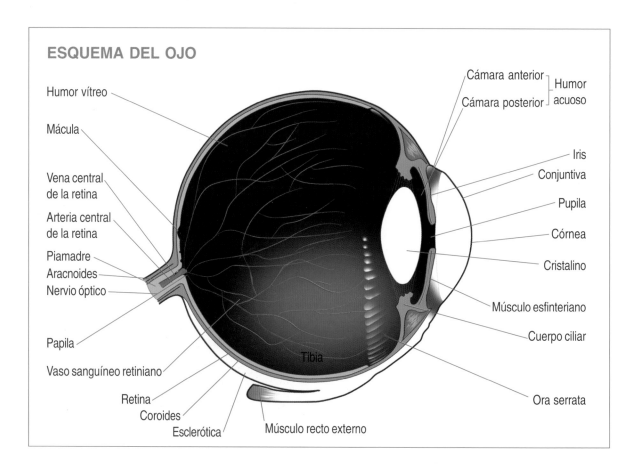

Humor vítreo
Mácula
Vena central de la retina
Arteria central de la retina
Piamadre
Aracnoides
Nervio óptico
Papila
Vaso sanguíneo retiniano
Retina
Coroides
Esclerótica
Tibia
Músculo recto externo
Cámara anterior ⌉ Humor
Cámara posterior ⌋ acuoso
Iris
Conjuntiva
Pupila
Córnea
Cristalino
Músculo esfinteriano
Cuerpo ciliar
Ora serrata

Faringitis bacteriana

La faringitis bacteriana es una infección en la faringe producida por una bacteria que se llama estreptococo de grupo A.

Formas de contagio

Por contacto con personas infectadas. Por las gotitas de saliva.

Síntomas

• Dolor de garganta.

• Malestar general.

• Garganta enrojecida.

• Amígdalas inflamadas.

• Dolor e inflamación en los ganglios del cuello.

• Convulsiones, en algunos casos.

• La tos y la congestión nasal no son síntomas típicos de enfermedades desencadenadas por infecciones estreptocócicas.

Tratamiento

Como primera medida, el médico tomará una muestra de la garganta para corroborar si se trata de una faringitis. Si se confirma, es probable que recete un antibiótico para reducir los síntomas del niño; evitar que la infección se propague a los oídos, la nariz y prevenga complicaciones como la fiebre reumática.

Además, puede prescribir antipiréticos para la fiebre y analgésicos para el dolor de garganta.

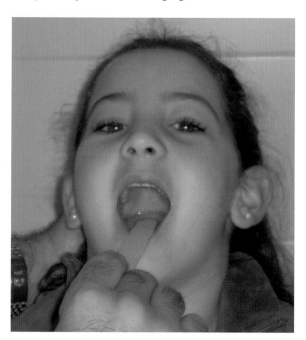

Fenilcetonuria

Es un trastorno metabólico hereditario recesivo. Es una enfermedad rara producida por un déficit enzimático. La acumulación de fenilalanina hidroxilasa produce el ácido fenilpirúvico, que es tóxico y daña las células cerebrales.

Si no se diagnostica y trata antes de los tres años, puede desarrollar un retraso mental severo.

Síntomas

• Piel, cabello y ojos más claros que el resto de la familia.

• Eccema cutáneo.

• Olor a ratón en la orina y el sudor.

• Microcefalia.

• Postura anormal de las manos.

• Convulsiones.

• Hiperactividad.

• Retraso mental.

Tratamiento

Una vez que se confirma el diagnóstico mediante una pesquisa neonatal o un análisis de sangre (en caso de niños más grandes), el tratamiento consiste en controlar los niveles de la fenilalanina en la sangre mediante una dieta específica. Los recién nacidos, el bebé se alimentarán con una fórmula especial que no contiene fenilalanina. Sólo se administrará leche materna en pequeñas cantidades. Las personas con fenilcetonuria deben evitar la ingestión de carne, leche, queso, huevo, pescado y otros alimentos de alto contenido proteico. También debe evitar los alimentos edulcorados con aspartamo. Por otra parte, se deben consumir frutas, verduras y cantidades limitadas de ciertos cereales de grano. Esta dieta permite mantener el aminoácido controlado para poder evitar el retraso mental. El paciente necesita controles periódicos para cuantificar los niveles de fenilalanina. En un comienzo los análisis pueden ser semanales, luego mensuales. Recientes estudios sugieren mantener esta dieta de por vida para evitar problemas de aprendizaje, problemas de conducta y una disminución de inteligencia.

Recomendaciones

Solicite la pesquisa neonatal contra esta enfermedad cuando todavía se encuentra el niño en la maternidad. El análisis se denomina FEI y suele realizarse a las 48 horas de recién nacido. Su diagnóstico a tiempo puede prevenir el retraso mental, de ahí su importancia.

Fibrosis quística

MUY GRAVE

La fibrosis quística es una enfermedad hereditaria. Consiste en una alteración genética que dificulta la producción de una proteína que regula el paso del cloro y el sodio a través de las membranas celulares. Esta disfunción afecta las glándulas secretoras que provocan un aumento en la viscosidad de las secreciones y deshidratación. Los órganos más afectados son los pulmones y el sistema digestivo. También afecta al hígado, el páncreas y el sistema reproductor. Es una enfermedad que no tiene cura, más común en la raza blanca, con una expectativa de vida promedio de 30 años. Las personas con este padecimiento pueden llevar una vida activa y normal con tratamiento, pero suelen morir a causa de un colapso pulmonar e insuficiencia cardíaca.

Se puede ser portador solamente, si heredó el gen anormal de uno de los padres. Para padecerla tiene que recibir el gen de la FQ por parte de los dos padres.

Análisis de diagnóstico para los padres

Como es un mal hereditario, los adultos pueden someterse a estudios previos a la concepción para saber si tienen el gen anormal que produce la enfermedad.

Cuando ambos padres son portadores del gen, existe una probabilidad del 25% de que el niño la padezca; el 50% de que el hijo sea sólo un portador y el 25% de que el bebé no sea portador, ni tenga la enfermedad.

En caso de mujeres ya embarazadas, hay varias pruebas posibles para identificar la enfermedad. Un análisis de sangre o una amniocentesis pueden marcar parámetros que impulse al médico a seguir evaluando para diagnosticar una FQ.

Síntomas

• Ausencia de meconio o de consistencia dura e incluso obstrucción intestinal en recién nacidos.

• Deposiciones frecuentes, grasosas y de olor desagradable en bebés.

sudor salado y abundante que puede provocar deshidratación.

• Dificultad en la respiración, infecciones pulmonares recurrentes, daño pulmonar debido a que la secreción mucosa espesa y pegajosa obstruye los pulmones. A medida que la enfermedad avanza, las paredes bronquiales se engrosan, las vías aéreas se llenan de mucosidad que acarrean infecciones, algunas zonas del pulmón se contraen y los ganglios linfáticos se agrandan. Todos estos síntomas dificultan la respiración y dañan los pulmones.

• Desnutrición, anemia y raquitismo, ya que las secreciones espesas del páncreas evitan una buena absorción de los alimentos.

• Constipación.

• Crecimiento lento.

• Músculos fláccidos.

• Cirrosis, en algunos casos.

• Tórax con forma de barril.

• Colapso pulmonar.

• Insuficiencia cardíaca.

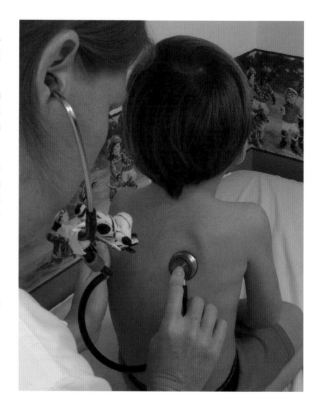

Tratamiento

Una vez diagnosticada la enfermedad mediante análisis genéticos o un test del sudor, el médico basará su tratamiento en una nutrición adecuada; además recetará antibióticos para prevenir y/o combatir las infecciones e inflamaciones respiratorias; recomendará realizar con regularidad una fisioterapia respiratoria y enseñará a los padres y al niño ejercicios de fortalecimiento de la musculatura del tórax para prevenir deformidades.

En algunos casos se necesita hospitalización ya que pueden manifestarse complicaciones, como afecciones pulmonares graves, muy poca ganancia de peso, constipación u obstrucción del intestino, dificultades digestivas y deshidratación aguda.

Cuando aparecen daños severos en los pulmones, el hígado y el corazón, es posible que el médico aconseje un trasplante.

Alimentación adecuada

Es probable que el médico le recomiende un especialista en nutrición que le enseñe a los adultos que se ocupan de la alimentación del niño una dieta rica en vitaminas. Es importante que los niños que padecen esta afección estén siempre bien hidratados ya que pierden mucho líquido y sales a través de la excesiva sudoración característica de la fibrosis quística.

Un complejo vitamínico y la administración de enzimas pancreáticas puede ayudar a la absorción de los alimentos.

Recomendaciones

La fibrosis quística es una enfermedad muy severa como para que la familia o el niño la enfrenten solos. En muchos países hay grupos de apoyo para contener y asesorar a las familias que tienen niños con este padecimiento.

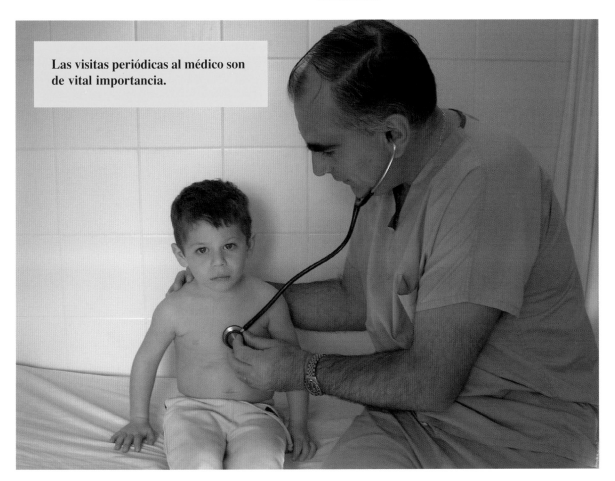

Las visitas periódicas al médico son de vital importancia.

Fiebre

Es la elevación de la temperatura corporal por encima de las cifras normales.

La fiebre es una reacción inmunológica del cuerpo frente a una infección.

Cuando es el síntoma de una enfermedad puede llegar a los 41° C. Cuando es producto de una falla del mecanismo regulador de la temperatura corporal —como en el caso de una insolación— la temperatura puede trepar a los 45° C.

Síntomas

• El niño se encuentra caliente.

• Colorado.

• Sudoroso.

• Caído.

• A veces con escalofríos.

Tratamiento

Como la fiebre suele ser un síntoma, el médico intentará descubrir primero por qué le subió la temperatura al niño. Una vez que confirme el diagnóstico, el especialista seleccionará el tratamiento adecuado para combatir la enfermedad.

Seguramente, el pediatra recete un medicamento antitérmico para bajarle la temperatura, hacerlo sentir mejor y evitar convulsiones febriles en casos de niños menores a tres años. Probablemente el especialista recete paracetamol o ibuprofeno. El ácido acetilsalicílico no debe utilizarse en niños menores de tres años por la posible producción del síndrome de Reye.

No deje medicamentos al alcance de los niños. Los medicamentos para niños suelen elaborarse con saborizantes agradables para hacer más fácil su administración. Es por eso que la intoxicación con medicamentos antipiréticos es muy común en niños.

Llame al médico si:

• El bebé tiene menos de tres meses de edad.

• El niño tiene una temperatura mayor a 40° C rectal.

• La fiebre no baja aún con antitérmicos.

• Hay otros síntomas que puedan indicar la presencia de una enfermedad bacteriana o virósica.

• Si ha tenido una convulsión anterior.

• Falta de apetito.

• Está pálido.

• Llora continuamente.

• Somnolencia excesiva.

• Cefalea intensa.

• Sensibilidad a la luz.

• Dolor en el cuello.

• Dolor de garganta y de oídos.

• Dolor al orinar.

• Dificultad para respirar.

• Tiene vómitos, dolor abdominal y/o diarrea.

• El niño padece alguna enfermedad congénita o hereditaria.

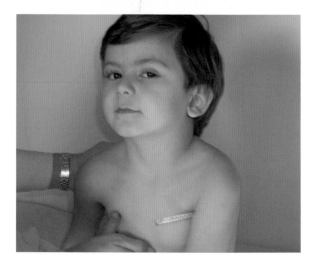

Recomendaciones

• Dele al niño abundantes líquidos para evitar la deshidratación producto de la sudoración que conlleva la fiebre.

• Póngale compresas de agua tibia en la frente.

• Aliméntelo bien. La fiebre consume muchas calorías del cuerpo y el niño necesita reponerlas.

• Báñelo con agua tibia alrededor de 20 minutos.

• Mantenga la temperatura del cuarto agradable. Ni muy fría, ni muy caliente.

• Cuando tome la temperatura al niño, recuerde que el termómetro rectal debe mantenerse durante 1 minuto, el oral durante 3 minutos y el axilar durante 4 minutos.

Evite

• Bañar al niño en agua fría.

• Usar compresas con alcohol.

• Abrigarlo en exceso. Si está muy arropado, no podrá refrescarse.

• Administrarle aspirina sin consultar al médico previamente.

• Dejar los medicamentos al alcance de los más pequeños.

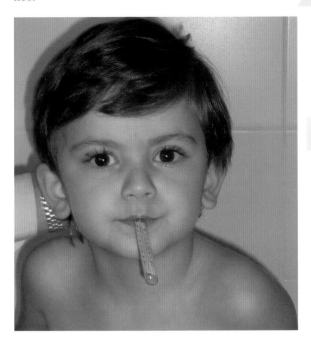

Fiebre reumática

GRAVE

La fiebre reumática es una enfermedad que suele aparecer luego de una infección por estreptococos (como la escarlatina o una infección en la garganta). Afecta principalmente a niños entre 6 y 15 años de edad. Puede producir serias complicaciones en el corazón, el cerebro, las articulaciones y la piel.

Síntomas

• Fiebre.

• Dolor e inflamación articular.

• Dolor abdominal.

• Erupción.

• Inflamación de ganglios.

• Hemorragias nasales.

• Corea de Sydenham (inestabilidad emocional, debilidad muscular y movimientos convulsivos espasmódicos descoordinados y rápidos que afectan principalmente la cara, los pies y las manos).

Tratamiento

Una vez confirmada la fiebre reumática mediante varios análisis clínicos, el médico recetará antibióticos y medicinas antiinflamatorias (como la aspirina o los corticosteroides). La fiebre reumática puede ser recurrente, por eso los controles médicos son sumamente necesarios.

Recomendaciones

Si su hijo tiene una infección en la garganta (faringitis estreptocócica) o usted avizora indicios de una escarlatina, acuda a su médico.

Evite

No desatienda los síntomas. La fiebre reumática puede generar complicaciones serias en el corazón que comprometen la vida de la persona.

Fimosis

La fimosis es la incapacidad de retraer la piel prepucial para dejar el glande al descubierto debido a un estrechamiento del orificio del prepucio o adherencias. Existen fimosis fisiológicas, comunes en niños menores de cinco años que generalmente se resuelven solas; y fimosis patológicas que requieren de tratamientos quirúrgicos para evitar balanitis (infecciones locales) o problemas en la micción.

La parafimosis consiste en que, una vez retraído el prepucio, la piel no logra volver a su posición original produciendo el estrangulamiento del glande. Esta afección necesita atención médica urgente.

Síntomas

• Micción delgada o espiralada.

• El prepucio se hincha como un globo durante la micción.

• En algunos casos, infecciones recurrentes.

Tratamiento

Como primera medida, el médico evaluará si la fimosis provoca infecciones o inflamaciones en el pene. Si confirma ese diagnóstico, recomendará una cirugía. El procedimiento es ambulatorio y la anestesia queda a criterio del cirujano que lo atienda.

Evite

• Forzar la retracción del prepucio ya que puede provocar un anillo balanoprepucial estenosado (no elástico por fibrosis).

• Las retracciones forzosas producen pequeñas grietas cuya cicatrización anula la elasticidad de la piel, empeorando el cuadro de la fimosis.

Forúnculos

El forúnculo es un absceso en la piel causado por una infección bacteriana. La infección producida por un estafiloco se desarrolla en un folículo piloso y la piel subcutánea adyacente. La zona afectada comienza con un nódulo subcutáneo que se calienta, eleva, entumece y se llena de pus. Los panadizos que crecen en el canal auditivo o la nariz pueden ser muy dolorosos. Aquellos que se desarrollan en la cabeza deben ser tratados sólo por un especialista ya que la infección puede extenderse al cerebro. En ocasiones pueden aparecer varios a la vez, en ese caso se denomina "carbunculosis".

Formas de contagio

Por contacto con elementos contaminados como toallas, indumentaria, etc.

Síntomas

• Prurito.

• Zona enrojecida.

• Nódulo entumecido con una punta blanca o amarilla.

• Presencia de pus.

• Fiebre en la zona afectada.

• El dolor se aliviana cuando el grano drena el pus.

Tratamiento

Como primera medida, el médico evaluará el tamaño del forúnculo y si tiene cercanía a algún órgano vital. Luego, determinará si los antibióticos son necesarios o no. Si la infección es muy grande, es probable que el médico la haga drenar quirúrgicamente. Si no lo es, recomendará fomentos y compresas humedecidas en agua caliente con una dosis de antiséptico local (como agua de Alibour) para provocar el vaciado de pus y poder acelerar así su curación. Es muy importante la higiene y las precauciones para evitar el contagio hacia otras zonas del cuerpo e incluso a otras personas.

Recomendaciones

Es importante lavarse las manos con jabón antibacterial antes y después de tocar un forúnculo.

ESQUEMA DE LA PIEL

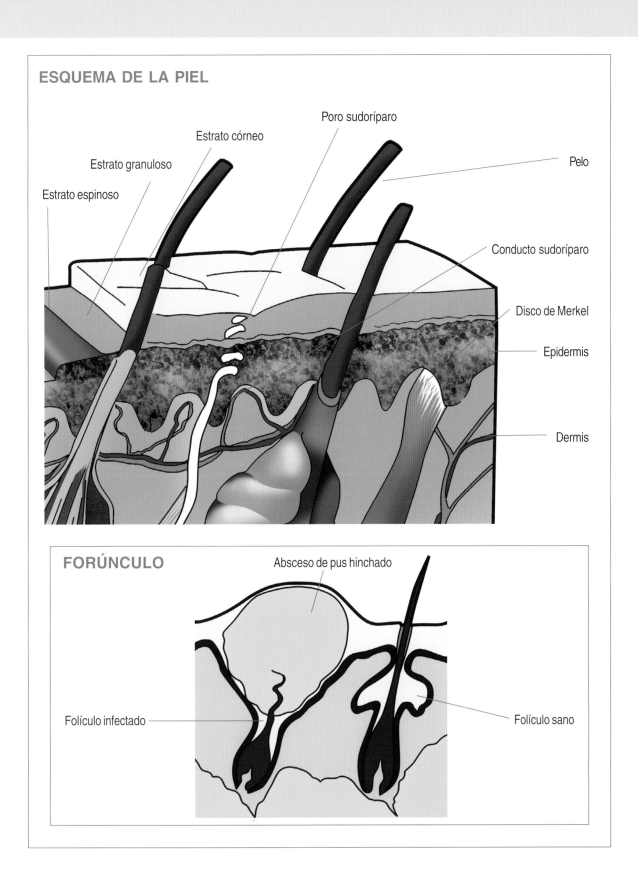

Poro sudoríparo

Estrato córneo

Estrato granuloso

Estrato espinoso

Pelo

Conducto sudoríparo

Disco de Merkel

Epidermis

Dermis

FORÚNCULO

Absceso de pus hinchado

Folículo infectado

Folículo sano

Golpe de calor

¡ATENCIÓN!

El golpe de calor se produce cuando una persona se expone a altas temperaturas durante un tiempo y su cuerpo levanta fiebre superior a los 40º C. Para bajar la temperatura corporal, empieza a sudar, pero la excesiva sudoración provoca la pérdida de líquidos, sales y minerales necesarios para el correcto funcionamiento del organismo. La falta de líquidos hace fallar el sistema de regulación de la temperatura y puede llevar a la persona a la inconsciencia.

Los niños de hasta cuatro años y los ancianos son los más susceptibles a contraer golpes de calor.

Síntomas

• Piel enrojecida y reseca.

• Fiebre superior a 39 ºC.

• Transpiración fría.

• Decaimiento.

• Dolor de cabeza.

• Mareos y hasta vómitos.

• En algunos casos, desvanecimiento.

• Sarpullido por calor. Síntoma de calor común en niños pequeños. Es una irritación de la piel ocasionada por el sudor excesivo en un clima caliente y húmedo. Se manifiesta a través de granitos enrojecidos que generalmente aparecen en el pecho y los pliegues del cuerpo, como en las ingles, la parte interior de los codos y la fracción trasera de las rodillas.

Tratamiento

Si un niño sufre un golpe de calor, llévelo inmediatamente al centro de salud más cercano. Según el diagnóstico, el médico buscará refrescarlo lo más rápido posible y además intentará rehidratarlo. Seguramente recomiende un baño con agua fresca -no helada- o compresas de agua fría para bajar la temperatura del cuerpo. Nunca debe usarse alcohol, porque la piel lo absorbe e intoxica al niño. Además, si el pequeño ha sufrido quemaduras por exposición al sol, es probable que le recete una loción de calamina para reducir el dolor.

Recomendaciones

En días de excesivo calor:

• Mantenga los chicos con ropa ligera y de algodón.

• Ofrézcales jugos naturales o agua antes de que ellos se lo pidan. Considere líquidos que contengan sales y minerales como las bebidas isotónicas que utilizan los deportistas.

• Contemple algunas comidas con sal.

• Si van a estar al aire libre, póngales un sombrero y refrésquelos frecuentemente con agua.

• Busque lugares con sombra para descansar de los efectos del sol.

En caso de tener un niño alimentado a pecho, amamántelo más seguido.

Evite

• Nunca deje a un pequeño en un auto con ventanas cerradas, sobre todo en días de calor.

• Evite los alimentos muy calientes o condimentados y las bebidas muy azucaradas, ya que no refrescan.

La exposición al sol

Por qué es tan importante exponerse al sol

El sol provee la vitamina D que es indispensable para el crecimiento y desarrollo físico de la persona. Esta sustancia previene el raquitismo y la osteoporosis ya que favorece la absorción de calcio en los huesos.

Recomendaciones

Aplique al niño crema con protección solar media hora antes de salir. No deje sin untar las orejas, la nariz, la frente, el cuello, debajo de los ojos, los hombros, atrás de las piernas y los empeines. Aunque el producto diga que es resistente al agua, es necesario repetir la acción varias veces al día.

Tenga presente que aunque esté nublado, los rayos ultravioletas penetran igual en la piel, es por eso que hay que untarse con cremas protectoras aun en los días de poco sol.

Recuerde que cuanto más clara es la piel mayor grado de protección necesita.

Lleve una remera y un sombrero de algodón como protección adicional.

Ofrézcale abundante líquido para beber.

Refresque con agua la cabeza del niño.

Es importante saber que las radiaciones solares se acumulan en el cuerpo de una persona a lo largo de toda su vida. Sin protección y cuidado, el sol puede provocar daños severos en la piel, incluso cáncer.

Si su hijo tiene lunares, solicite al dermatólogo un mapeo anual de las manchas de su hijo. Una revisión periódica puede detectar y controlar enfermedades graves.

Evite

Las exposiciones al sol entre las once y las cuatro de la tarde porque es el momento del día en que las radiaciones solares son más fuertes y dañinas.

No coloque al niño cremas de protección solar con graduaciones inferiores a 30.

Gripe

La gripe es una infección viral aguda en las vías respiratorias desencadenada por los virus Influenza. Los virus pueden ser de tipo A, B o C.

Es muy importante que las personas asmáticas, diabéticas y los que padecen de insuficiencia inmunológica se vacunen anualmente para evitar complicaciones, como las neumonías, que pueden poner en riesgo de muerte al niño.

Si bien en el siglo pasado miles de personan morían a causa de la gripe, actualmente la mayoría se recupera a los diez días de haber comenzado con los síntomas de la enfermedad.

Formas de contagio

A través de la tos y los estornudos. Es sumamente contagiosa y endémica. Es fundamental la tarea de prevención mediante la vacunación anual de los sectores más débiles de la población.

Síntomas

Comienzan a las 48 horas de producida la infección y pueden manifestarse súbitamente. Los síntomas se caracterizan por:

- Fiebre alta.
- Escalofríos.
- Jaqueca.
- Dolor alrededor y detrás de los ojos.
- Lagrimeo.
- Dolores musculares.
- Dolor e irritación en la garganta.
- Náuseas.
- Pérdida de apetito.
- Fatiga.
- Tos seca en el inicio, luego con esputos.

Tratamiento

Una vez confirmado el diagnóstico, el médico recomendará que el enfermo guarde cama. Es probable que recete paracetamol para bajar la fiebre y calmar los dolores del cuerpo. Si se manifestase alguna infección bacteriana secundaria, seguramente prescribirá algún antibiótico.

Recomendaciones

- Ofrezca a su hijo abundante líquido. Como es probable que no tenga apetito, incluya sopas y jugos de fruta que no sólo lo hidraten, sino también lo nutran.

- Mantenga la habitación a temperatura agradable.

- Si tiene fiebre, no lo abrigue en exceso.

- Recurra al vaporizador para humedecer el ambiente y alivianar los ataques de tos seca. Si dispone de un aceite esencial de eucalipto, incluya unas gotitas.

- Si el niño se encuentra muy congestionado, recurra a una nebulización.

- Consulte al médico sobre los beneficios antibacteriales y antivirales de la planta equinácea púrpura. Algunos médicos naturistas la recetan para fortalecer al organismo contra las infecciones.

Evite

- Que bebés y ancianos se acerquen al enfermo para impedir el contagio.

- Que retome su vida habitual, si todavía no está sanado y fuerte.

- Si bien el niño necesita estar alimentado, no lo obligue a comer.

¿Cómo diferenciar un resfrío de la gripe?

"El resfrío se caracteriza por un cuadro de congestión en el tracto respiratorio superior, mientras que la gripe se manifiesta en un cuadro de congestión general, con sensación de abatimiento, fiebre alta e incluso con dolores en los huesos. A pesar de esta diferencia no es fácil distinguir una enfermedad de otra".

Fuente: Guía Práctica para padres, Albatros, 2004.

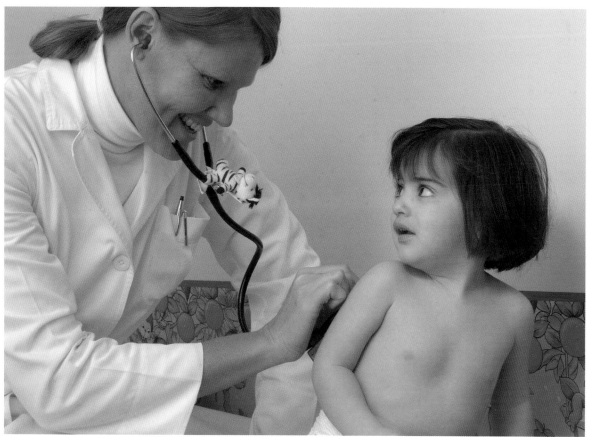

Hernias

Una hernia se origina cuando la fracción de un órgano interno sobresale a través de una pequeña abertura en los músculos o del tejido que la contiene. Las hernias pueden desarrollarse en cualquier parte del cuerpo, pero son más frecuentes en el área abdominal. La cavidad abdominal está recubierta por una capa de músculos que mantiene a los órganos en su lugar. Si un segmento de esa pared muscular se debilita, puede asomar por ella la porción de algún órgano.

Hernias más comunes en niños

Hernia inguinal: puede aparecer en la ingle o dentro del escroto. Es más frecuente en hombres.

Hernia umbilical: aparece como un bulto alrededor del ombligo. Se produce cuando el anillo muscular que lo rodea no termina de cerrarse. En muchos casos se resuelve solo antes de los cinco años.

Hernia hiatal: generalmente es un defecto congénito y se asocia al reflujo gastroesofágico.

Síntomas

• Bulto que sobresale en la ingle o al costado del ombligo. Especialmente luego de toser o agacharse.

• Reflujo, en el caso de una hernia hiatal.

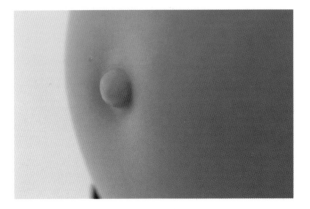

Llame al médico si:

• El bulto cambia de color (enrojece o ennegrece).

• No puede introducirlo con una leve presión.

• El niño presenta dolor.

• Tiene náuseas, vómitos y fiebre.

Tratamiento

Las hernias pueden ser detectadas en las visitas de rutina al médico. Una vez diagnosticada, el médico recomendará una cirugía correctiva. Los procedimientos quirúrgicos suelen ser ambulatorios y poco complicados. La anestesia puede ser local o general, según la edad del niño. En algunos casos se coloca una malla metálica para sostener el órgano y evitar que vuelva a sobresalir.

Complicaciones

Si una hernia no es tratada, existe la posibilidad de desarrollar un estrangulamiento del órgano que protruye. Las hernias estranguladas son peligrosas ya que obstruyen el órgano que sobresale generando serias infecciones.

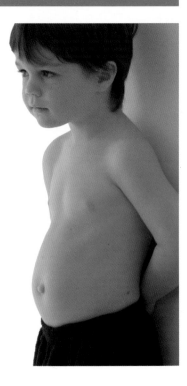

Hepatitis

Se llama hepatitis a la inflamación del hígado. Si bien hay muchas causas para contraer la infección, generalmente se debe a la acción de los virus A, B, C, D y E. También puede ser producida como consecuencia de una mononucleosis infecciosa, fiebre amarilla o infección por citomegalovirus.

La hepatitis de tipo A es la más leve y no suele tornarse en un padecimiento crónico. La de tipo B suele ser más grave y puede reaparecer en el 15 % de los casos. La de tipo C es la más recurrente y se repite en el 75 % de los enfermos.

En los casos más severos la enfermedad puede generar lesiones importantes en el hígado, como fibrosis o cirrosis e insuficiencias hepáticas de distinta índole, e incluso la muerte de la persona.

Formas de contagio

El virus de la hepatitis A vive en las heces de la persona infectada y se transmite a través de las manos, el agua, la comida y los utensilios contaminados por el enfermo.

Las hepatitis B y C se propagan a través de los fluidos corporales y de la sangre. Por eso, una persona que padeció esta enfermedad no puede ser donante de órganos.

La mejor herramienta es la prevención. Hoy en día existen varias vacunas, algunas incluidas en el calendario de vacunación oficial.

Síntomas

- Molestias de tipo gripal.
- Fiebre.
- Náuseas.
- Vómitos.
- Diarrea.
- Pérdida del apetito.
- Dolor abdominal y cansancio.

En algunos casos de hepatitis B, dolores articulares y prurito.

Debido al mal funcionamiento del hígado, que va acumulando pigmento biliar o bilirrubina, al cabo de una semana se observa que la piel y el blanco de los ojos se ponen de color amarillento; la orina, oscura; las heces de color claro.

Los niños que contraen la hepatitis de tipo A muestran síntomas más ligeros; los que padecen la hepatitis de tipo B o C pueden o no manifestar síntomas.

Tratamiento

El médico confirmará el diagnóstico mediante un análisis de sangre y la palpación del hígado en la consulta médica. Generalmente, el paciente tiene el hígado inflamado y sensible al tacto.

No existe un tratamiento específico para curar esta enfermedad. El especialista recomendará reposo y dieta liviana, pero no escasa. Tal vez recete algún medicamento para mitigar los síntomas, como la fiebre o los dolores en general, pero siempre y cuando no afecten al hígado.

Un paciente con hepatitis vírica aguda suele recuperarse en 4 u 8 semanas.

Sólo en casos muy graves se requiere hospitalización.

Recomendaciones

- Vacune a su hijo y a todos los integrantes de la familia.

- Si el niño contrajo la enfermedad, debe evitar compartir vasos u otros utensilios, como cubiertos y cepillos de dientes. Cambie las toallas y sábanas con asiduidad.

- Es importante fomentar hábitos de higiene, como lavarse las manos cada vez que va al baño o regresa de la calle.

Hidrocefalia

GRAVE

La hidrocefalia es la acumulación excesiva de líquido cefalorraquídeo en los ventrículos cerebrales. Cuando el líquido no puede drenar naturalmente, la acumulación provoca una presión perjudicial para los tejidos cerebrales y un agrandamiento anormal en el tamaño de la cabeza. La persona con este padecimiento necesita de una intervención quirúrgica para poder sobrevivir.

La hidrocefalia presenta riesgos para el desarrollo tanto cognoscitivo como físico de la persona. Es importante trabajar con un grupo interdisciplinario para mejorar la calidad de vida del niño. La intervención quirúrgica y las terapias de rehabilitación pueden conducirlo a una vida con pocas limitaciones.

Formas de adquirirla

La hidrocefalia puede ser congénita o adquirida.

La hidrocefalia adquirida se desarrolla en el momento del nacimiento o en un punto después. Este tipo de hidrocefalia puede afectar a las personas de todas las edades y puede ser ocasionado por una lesión, tumor o una enfermedad.

Síntomas

• La capacidad de un niño de tolerar la presión del líquido cerebroespinal difiere de la de un adulto. El cráneo del niño puede expandirse para alojar el aumento del líquido cerebroespinal debido a que las suturas (las juntas fibrosas que conectan los huesos del cráneo) no se han cerrado todavía.

• En la infancia, la indicación más evidente de la hidrocefalia es típicamente el rápido aumento de la circunferencia de la cabeza o un tamaño de la cabeza extraordinariamente grande.

• Otros síntomas pueden incluir vómitos, sueño, irritabilidad, desvío de los ojos hacia abajo (llamado también "puesta de sol") y convulsiones.

• Niños mayores y adultos pueden experimentar síntomas diferentes debido a que su cráneo no puede expandirse para alojar el aumento del líquido cerebroespinal. En estos casos, los síntomas pueden incluir dolores de cabeza seguidos de vómitos, náuseas, papiledema (hinchazón del disco óptico que es parte del nervio óptico), visión borrosa, diplopia (visión doble), desvío hacia abajo de los ojos, problemas de equilibrio, coordinación deficiente, trastorno en el estilo de caminar, incontinencia urinaria, reducción o pérdida de desarrollo, letargo, somnolencia, irritabilidad u otros cambios en la personalidad o el conocimiento, incluida la pérdida de la memoria.

Tratamiento

El niño con hidrocefalia debe ser hospitalizado para realizarle una intervención quirúrgica. La operación consiste en colocar un tubo que posibilite el drenaje del líquido acumulado. Este catéter, que se sitúa debajo de la piel, desvía el flujo de la cabeza a otra zona del cuerpo donde es absorbido como parte del proceso circulatorio. En algunos casos se requieren drogas y punciones lumbares evacuadoras de líquido cefalorraquídeo para aliviar temporalmente la presión intercraneal hasta ser operado.

Luego de la intervención, el niño deberá ser vigilado periódicamente por el especialista para revisar si hay obstrucciones o infecciones. En ocasiones, el sistema de derivación puede requerir algún tipo de ajuste o incluso sustitución del catéter.

Cuándo llamar al médico

Si un niño con el sistema de derivación levanta fiebre, siente dolor en los músculos del cuello o los hombros o comienza a desarrollar un enrojecimiento o sensibilidad a lo largo del conducto de derivación, entonces deberá dirigirse al centro de salud más cercano.

Ictericia en recién nacidos

La ictericia es la coloración amarillenta de la piel y de los ojos provocada por la acumulación de glóbulos rojos viejos que se preparan para salir de circulación y generan un pigmento natural que se llama "bilirrubina". La bilirrubina es extraída del torrente sanguíneo por el hígado, que la transforma y la envía a los riñones para ser eliminada a través de la orina.

La coloración amarillenta suele aparecer en algunos recién nacidos a las 24 horas del alumbramiento y puede prolongarse hasta dos semanas. En estos casos, el exceso del pigmento se debe a la inmadurez del hígado que lo torna incapaz de eliminar la gran cantidad de bilirrubina.

La ictericia que se observa en bebés sanos se denomina «ictericia fisiológica». La ictericia patológica es sumamente rara y es el nombre dado cuando la condición refleja un riesgo para la salud. Esta última puede ocurrir en niños o en adultos por muchas razones, como incompatibilidad sanguínea, enfermedades de la sangre, enfermedades hepáticas, obstrucciones del conducto biliar, infecciones o medicamentos.

Síntomas

• Color amarillento en la piel, en las palmas de las manos, las plantas de los pies y en el blanco del ojo.

Tratamiento

• Generalmente se cura con la exposición del niño a la luz solar a través de una ventana cuidando que no haga mucho calor y no se deshidrate.

• Si está dentro de la maternidad, seguramente lo coloquen debajo de una lámpara con luz ultravioleta protegiéndole los ojos con una venda.

Recomendaciones

Si el niño está siendo expuesto a la luz ultravioleta, o a la luz solar a través de una ventana, ofrézcale abundante líquido para evitar que se deshidrate.

Evite

Exponer al niño a la luz solar sin la protección del vidrio de una ventana.

No coloque el niño al sol en días de altas temperaturas o en horarios de sol intenso.

Impétigo

El impétigo es una infección superficial en la piel producida por microorganismos en zonas previamente lesionadas por picaduras de mosquitos, cortes o rayones. Los microorganismos que se depositan en las lastimaduras y causan impétigo son los estafilococos y los estreptococos. Pueden aparecer en cualquier parte del cuerpo, pero son más frecuentes en los brazos, las piernas, el cuero cabelludo, alrededor de la boca, la nariz y los oídos. No es una afección grave y es muy común en niños de 2 a 5 años.

Formas de contagio

Es altamente contagioso. Se propaga por contacto con personas afectadas o con objetos contaminados. En la misma persona, se contagia al rascarse la zona afectada del cuerpo.

Síntomas

• En una lesión cutánea anterior se forma una vesícula con bordes colorados que se agranda con el correr de los días.

• Puede aparecer pus en el interior.

• Sobre las lesiones suelen formarse costras color miel que son características de la enfermedad.

Tratamiento

Según la cantidad y el área afectada el médico recetará o no un antibiótico vía oral para frenar la infección. Además recomendará fomentos antisépticos sobre las heridas infectadas para quitarles la costra y llegar donde se deposita la bacteria que los provoca. Luego del emplasto, limpiará la zona afectada y aplicará una pomada o loción antibiótica de uso local para sanar la herida y evitar la propagación de la infección. Ese proceso deberá repetirse por el lapso que el médico determine hasta que las costras remitan de tamaño y desaparezcan.

Recomendaciones

• Lávese las manos antes y después de curar al niño.

• Manténgale las uñas cortas y limpias para que no propague las bacterias de una zona del cuerpo a otra al rascarse.

• Cambie diariamente las sábanas y toallas del pequeño durante la infección.

• Si tiene una infección cutánea severa y extendida, no lo envíe a la escuela.

• Prevenga la aparición de los impétigos. Si su hijo se corta, lávele la herida con agua y jabón.

Esta malformación debe corregirse mediante cirugía ya que produce problemas en el habla, la respiración y la deglución.

Labio leporino

El labio leporino es una malformación congénita del labio superior que puede ir acompañada de una fisura en el paladar. El promedio de la malformación es uno de cada mil chicos y la cuarta parte de los que lo desarrollan lo heredan.

Síntomas

• Fisura vertical en el labio superior y el maxilar.

Tratamiento

Como primera medida, el médico colocará una prótesis palatina para facilitar la respiración y la deglución del bebé. Aproximadamente a los tres meses, un cirujano plástico operará la fisura labial. A los dos o tres años de edad se elimina la prótesis del paladar y se recompone la fisura palatina y maxilar mediante una intervención quirúrgica.

Leucemia

GRAVE

La leucemia es un grupo de enfermedades de tipo cancerígeno que afecta a la sangre. Se manifiesta cuando las células madres que se originan en la médula ósea, y que deben convertirse en glóbulos blancos, se distorsionan y se transforman en células cancerígenas que destruyen y reemplazan a las normales hasta invadir toda la médula. Además, se vuelcan en el torrente sanguíneo y llegan al hígado, al bazo, a los ganglios linfáticos, al cerebro, a los riñones y a los órganos reproductores donde continúan creciendo y multiplicándose.

Existen varios tipos de leucemia -mieloide y linfática- y pueden ser agudas o crónicas. La leucemia linfática aguda es la más frecuente en niños.

No se conocen las causas que la provocan, pero se cree que hay factores que predisponen a la persona a contraerla, como antecedentes familiares, algunos productos químicos, la radioactividad, la exposición a rayos X antes de nacer, o los virus cancerígenos. Sin tratamiento, conduce a la muerte.

Síntomas

• Sudores nocturnos.

• Debilidad progresiva.

• Fatiga.

• Palidez.

• Anemia.

• Fiebre.

• Infección.

• Hematomas.

• Hemorragias (sangrado de nariz o encías).

• Dolor de cabeza (si las células leucémicas se encuentran en el cerebro).

• Dolor óseo o articular.

• Protuberancias indoloras debajo de las axilas, el cuello, el estómago o la ingle.

Agrandamiento del bazo y aparición de pequeñas marcas rojas en la piel llamadas petequia (en el caso de la leucemia mieloide).

La leucemia mieloide crónica puede ser asintomática en sus fases iniciales.

Tratamiento

Como primera medida, el médico exigirá un análisis de sangre para analizar la presencia de células cancerígenas y hacer un conteo de glóbulos blancos, glóbulos rojos y plaquetas. Además pedirá una biopsia de médula ósea para averiguar qué tipo de leucemia padece y efectuará pruebas adicionales para determinar si el cáncer se ha propagado a otras partes del cuerpo.

Una vez confirmado el diagnóstico, el paciente deberá ser tratado por un grupo interdisciplinario de médicos encabezado por un oncólogo pediatra.

El tratamiento para curar la leucemia se divide en tres fases. La primera es la que busca destruir las células leucémicas en la sangre y la médula ósea y remitir la enfermedad. La segunda es de consolidación e intenta arrasar las células cancerígenas restantes que todavía no estén activas, pero que pueden conducir a una recaída. La tercera fase es de mantenimiento.

El tratamiento estándar suele estar encabezado por sesiones de quimioterapia para controlar la enfermedad. Es probable que lo acompañe con antibióticos para prevenir la aparición de infecciones y transfusiones sanguíneas para elevar los niveles de glóbulos rojos y de plaquetas. En algunos casos, los especialistas pueden requerir la hospitalización del paciente para tenerlo mejor controlado.

Si las células leucémicas han alcanzado algún órgano -como, por ejemplo, el cerebro- el médico determinará qué tipo de terapia localizada (generalmente drogas y rayos X de alta energía) es necesaria para destruir las células cancerígenas.

El tratamiento puede durar de dos a tres años. Si las células leucémicas reaparecen al cabo de un tiempo, el paciente necesitará comenzar nuevamente y deberá tener un estricto control médico ya que es grave.

En los enfermos que no han respondido al tratamiento con quimioterapia y rayos, el trasplante de médula ósea puede ser la única salida para recuperarse. Este procedimiento sólo puede llevarse a cabo con tejidos compatibles con la persona enferma. Generalmente esa compatibilidad se registra en los miembros de la misma familia.

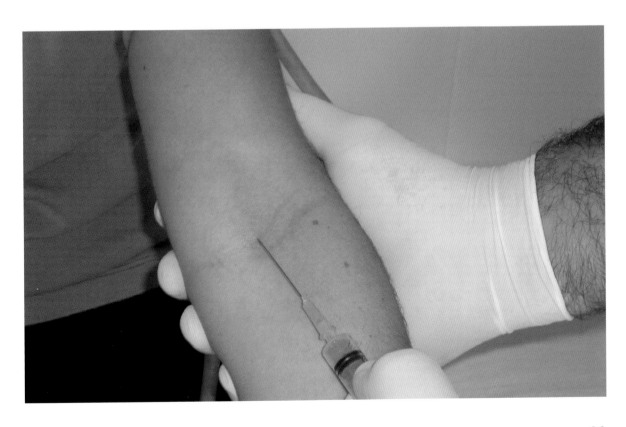

Meningitis

GRAVE

Se llama meningitis a la infección viral o bacteriana de las meninges (membranas que recubren el cerebro y la médula ósea). La más común y la menos peligrosa es la de tipo viral. La meningitis bacteriana, por el contrario, puede conducir a la muerte de la persona. Hay tres tipos de bacterias que la producen: la *Neisseria meningitidis* (conocida como Meningitis meningocócica), la *Haemophilus influenzae* y el *Streptococcus pneumoniae*.

Algunos meningococos suelen vivir en el organismo de la persona y en ocasiones pueden infectar las meninges. Pero hay ciertos factores que pueden predisponer a la aparición de esta enfermedad: un corte en la cabeza, una otitis mal curada, una neumonía o simplemente el contagio.

Los sectores más vulnerables de la población para esta enfermedad son los niños en edad preescolar.

Formas de contagio

Por contacto con personas infectadas u objetos contaminados, por la saliva o al toser.

Síntomas

• Fiebre alta.

• Rigidez en la nuca y molestias al mirar la luz.

• Encandilamiento.

• Dolor de cabeza.

• Vómitos.

• Dolor de garganta.

• Erupciones en la piel (rojas y moradas).

También pueden presentar:

• Convulsiones, dolores musculares generalizados, diarrea, adormecimiento, postración y coma.

En los bebés puede manifestarse:

• Hinchazón de la fontanela superior e hidrocefalia.

> Si usted presiente que el niño tiene meningitis, concurra al hospital más cercano. Un diagnóstico a tiempo y el tratamiento adecuado pueden evitar la muerte.

Tratamiento

Como primera medida, el médico hospitalizará al niño. Luego realizará análisis de sangre, de orina, de mucosidad nasal, de garganta y lo que es más importante: una punción lumbar para analizar el líquido cefalorraquídeo y poder así desestimar o confirmar la enfermedad.

Si el médico sospecha, mediante la pesquisa clínica previa, que el niño padece de una meningitis, recetará un antibiótico aun antes de tener los resultados de la punción.

Generalmente los métodos para curar una meningitis consisten en la hospitalización de la persona, una inyección de bencipenicilina y la administración de antibióticos. En algunos casos se aplica vía intravenosa, corticosteroides para desinflamar rápidamente las meninges y así evitar una obstrucción de líquido cefalorraquídeo.

Seguramente el médico recetará un antibiótico a las personas que hayan estado en contacto con un enfermo de meningitis, como medida preventiva.

Si el tratamiento se inicia de inmediato, fallecen menos del 10% de las personas enfermas. Pero si se demora, pueden quedar con lesiones cerebrales permanentes, parálisis e incluso morir.

Recomendaciones

• Vacune a su hijo contra la Meningitis meningocócica y contra la *Haemophilus influenzae*.

• Enseñe normas de higiene a todos los habitantes de su hogar.

• Cocine las carnes por encima de los 70º C. Las temperaturas inferiores a esa no matan las bacterias que residen en la carne.

Evite

• Evite dar besos en la boca a los bebés.

• Evite que las infecciones de oído y las sinusitis sean recurrentes.

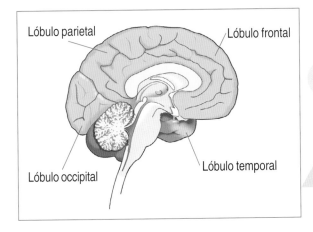

Lóbulo parietal
Lóbulo frontal
Lóbulo occipital
Lóbulo temporal

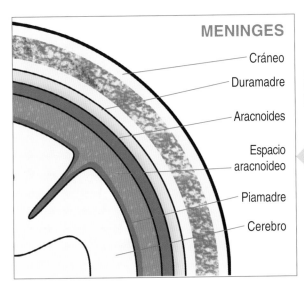

MENINGES

Cráneo
Duramadre
Aracnoides
Espacio aracnoideo
Piamadre
Cerebro

Molusco contagioso

Es una infección viral cutánea producida por un poxvirus que se manifiesta a través de pápulas con apariencia de perlas. La lesión tiene, por lo general, una depresión central que facilita su identificación. Suelen aparecer en la zona inguinal y/o genital, en la cara, en el cuello, en el tronco, en los brazos, en las axilas y detrás de las rodillas. Es muy común en niños, especialmente en aquellos que padecen dermatitis atópica. Con el correr del tiempo, las pápulas pueden desaparecer solas. Este proceso puede llevar desde meses a años.

Formas de contagio

Es una afección muy contagiosa que se traspasa de una persona a otra o de una parte del cuerpo a otra por contacto directo con las lesiones o a través de la ropa y o toallas compartidas.

Síntomas

• Pápulas pequeñas, lisas y de aspecto perlado con un hoyuelo en el centro, que en ocasiones supuran un líquido ceroso y pueden aparecer solitarias o en grupos.

Tratamiento

Una vez confirmado el diagnóstico, el médico evaluará si es necesario o no extraer los elementos. En algunos casos, el dermatólogo recomendará la extirpación de las papilas mediante una cureta, previa anestesia local.

En otros, tal vez recete una crema que también se utiliza para la remoción de las verrugas.

Recomendaciones

• Enseñe al niño a lavarse las manos con frecuencia.

Evite

• Si su hijo tiene moluscos, evite que se rasque las lesiones. Es muy probable que traslade el virus a otra zona del cuerpo.

• No comparta toallas ni indumentaria de un niño con esta afección.

Muguet

Candidosis pseudomembranosa

La candidosis pseudomembranosa es una micosis producida por el hongo *Candida albicans*. Se manifiesta a través de placas que aparecen en el interior de la boca del niño, más frecuentemente en los bebés alimentados a pecho, de color blanco y que cubren la lengua, el paladar, las encías y la mucosa oral. Se identifican por desprenderse fácilmente al raspar. Generalmente no son dolorosas, pero si son abundantes, pueden interferir en la alimentación del lactante.

Formas de contagio

Por contacto con objetos contaminados, como chupetes y mamaderas; o personas afectadas, como en el caso de las mamas en mujeres que amamantan.

Síntomas

• Placas blanquecinas en el interior de la boca que se desprenden fácilmente al raspar.

Tratamiento

Una vez que el médico confirme el diagnóstico, seguramente recete una pasta al agua de bicarbonato de sodio para limpiar el interior de la boca del pequeño.

Procedimiento con la pasta al agua

• Colocar una cuchara de bicarbonato en un recipiente limpio. Agregar gotitas de agua esterilizada hasta lograr la consistencia de una pasta.

• Para higienizar la boca del niño, envuelva su dedo índice con una gasa esterilizada, unte con el preparado y limpie las placas. No frote con fuerza.

• Utilice esta pasta (diluida) para limpiar los pezones de la madre, antes y después de dar el pecho.

Si las placas no desaparecen al cabo de unos días, seguramente agregue al tratamiento un antimicótico de uso local e incluso un antibiótico.

Recomendaciones

• Esterilice las mamaderas y los chupetes que utiliza el niño.

• Revise la cola del pequeño. El hongo *Candida albicans* puede manifestarse en cualquier región caliente y húmeda de la piel, especialmente en los pliegues cutáneos y las zonas ocluidas y maceradas como la zona del pañal.

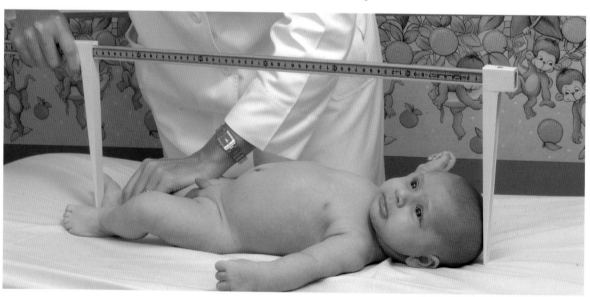

Neumonía

GRAVE

La neumonía es una infección en los pulmones. Hay varios microorganismos que pueden provocarla, como los virus (el virus sincitial respiratorio, el adenovirus, el virus parainfluenza, el virus de la gripe, y el virus del sarampión); las bacterias (neumococos, estafilococos, *Micoplasma pneumoniae*, bacterias gramnegativas, *Haemophylus influenzae* tipo b) e incluso los hongos. Según el agente patógeno, la enfermedad se desarrollará en forma más rápida o no, y dañará los tejidos pulmonares con mayor o menor rapidez. Su desatención o falta de tratamiento puede conducir a la persona a la muerte.

Los niños, los ancianos y aquellos individuos con su sistema inmunológico deprimido son los más propensos a padecerla. Es una infección frecuente dentro de los hospitales, sobre todo luego de una cirugía abdominal o de una lesión en el tórax.

La neumonía neumocócica es la más común dentro de las de tipo bacteriana y suele aparecer luego de una enfermedad viral en el tracto respiratorio superior.

Formas de contagio

La neumonía puede contagiarse por inhalación del microorganismo que la produce, por influencia de una infección cercana o a través del flujo sanguíneo.

Síntomas

• Fiebre alta, escalofríos y sudoración.

• Tos.

• Dificultad en la respiración.

• Aumento en la frecuencia respiratoria.

• Ahogo.

• Inapetencia.

• Dolores en el pecho y en el abdomen.

• Dolores musculares y articulares.

• Expectoración mucosa espesa amarillenta y en ocasiones de color oxidado (debido a la presencia de sangre en el esputo).

Tratamiento

Como primera medida, el médico auscultará al niño para escuchar los ruidos de su respiración (crepitación) y pedirá una radiografía de tórax para corroborar o desestimar la neumonía. Es probable que también exija un análisis del esputo y de sangre para detectar el microorganismo causante de la enfermedad.

Una vez confirmado el diagnóstico, el especialista recetará antibióticos (como, por ejemplo, la penicilina) en caso de neumonías provocadas por bacterias y ejercicios o masajes dados por un kinesiólogo para facilitar la eliminación de la expectoración. Cuando la neumonía es producto de un virus, el médico recomendará reposo y vigilancia. Además, recomendará un antitérmico para bajar la fiebre.

En casos graves, el enfermo deberá ser hospitalizado para asistirlo con ventilación mecánica, antibióticos vía intravenosa y en algunos casos, vaciar el pus del pulmón mediante una aguja o un tubo introducido en el tórax.

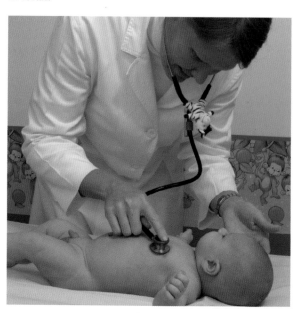

Recomendaciones

• Durante la enfermedad, ofrezca al niño abundante líquido.

• Manténgalo cómodo en su casa.

• Utilice un vaporizador para humidificar el ambiente.

• Pída al kinesiólogo que el enseñe algún ejercicio o
masaje para ayudar al niño a expulsar la mucosidad.

Evite

• No minimice los síntomas. Ante cualquier duda, diríjase al centro de salud más cercano.

PULMONES

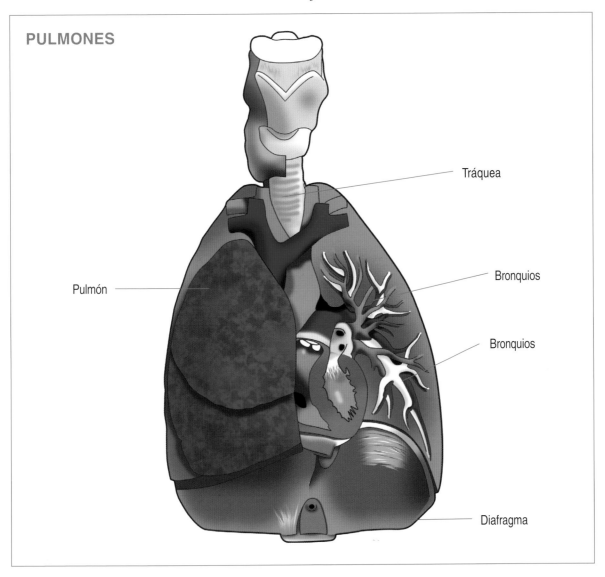

Tráquea

Bronquios

Bronquios

Pulmón

Diafragma

Otitis media

La otitis media es la inflamación del oído medio. Es una infección frecuente en niños de hasta 5 años y suele devenir luego de un enfriamiento o enfermedad en el tracto respiratorio. Los agentes patógenos suelen llegar al oído a través de la trompa de eustaquio y allí se acumulan secreciones. Es necesario tratarla porque su desatención puede desembocar en otitis crónicas, e incluso en la perforación del tímpano y la consecuente sordera.

Formas de adquirirla

La otitis media no se contagia.

Síntomas

• Dolor de oído punzante.

• Dolor de cabeza.

• Fiebre.

• Irritabilidad y llanto en bebés (pueden tirarse o frotarse las orejas).

Tratamiento

Una vez confirmado el diagnóstico, el médico evaluará si es necesaria o no la administración de un antibiótico vía oral. Es probable que el especialista también recomiende un analgésico para desinflamar la zona y disminuir el dolor. Si la otitis es recurrente o no mejora con tratamiento, un otorrinolaringólogo pedirá varios análisis para averiguar el origen de la enfermedad y valorar la necesidad de una cirugía.

Recomendaciones

En ocasiones, queda agua en los oídos que puede ocasionar incomodidad o dolor. En ese caso, colocar una gotita de una solución elaborada con mitad de alcohol boricado y mitad de agua puede ser una buen recurso para evaporar el líquido y evitar la posterior infección.

Aplicar una bolsa de agua caliente o una almohadilla eléctrica sobre la oreja puede ayudar a aliviar el dolor.

Evite

• No coloque gotas óticas a no ser que el médico lo indique.

• Las gotas de aplicación local no son útiles en las otitis del oído medio sino que se utilizan para las otitis del oído externo. Además, su consistencia oleosa impide la correcta observación del médico y dificulta el diagnóstico.

• Nunca coloque un hisopo dentro del oído del niño. Los canales auditivos son cortos y puede dañar el tímpano.

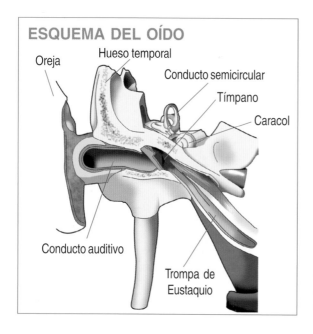

ESQUEMA DEL OÍDO

Oreja
Hueso temporal
Conducto semicircular
Tímpano
Caracol
Conducto auditivo
Trompa de Eustaquio

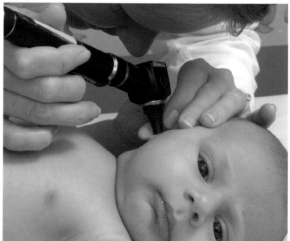

Orzuelo

El orzuelo es una infección producida por un estafilococo en una de las glándulas que se sitúan en el borde del párpado. Existen tres tipos de glándulas oculares y dentro de sus funciones se encuentra la de mantener el ojo lubricado. En ocasiones estas glándulas se tapan y se produce un quiste sebáceo que también puede desembocar en un orzuelo.

Síntomas

• Molestias, lagrimeo y sensibilidad a la luz.

• Enrojecimiento, dolor y posterior hinchazón de la zona afectada.

• Bulto redondeado en el párpado.

• Puede o no manifestarse un punto amarillento por donde secreta pus o grasa.

Tratamiento

Seguramente el médico recomiende compresas calientes para ablandar el bulto y facilitar la supuración.

Sólo recetará antibióticos cuando el orzuelo no haya desaparecido luego de varios días de compresas calientes en la zona afectada.

Recomendaciones

• Lávese bien las manos antes y después de tratar al niño.

• Enseñe a su hijo a lavarse la cara como parte de su higiene personal matutina.

• La antigua receta de frotar un anillo de oro contra un paño para que se caliente y colocarlo en el párpado afectado es lógica y exitosa. La temperatura que toma el oro ablandará el quiste favoreciendo su maduración.

Evite

• Las compresas frías o con hielo no son buenas para esta afección ya que endurecen en lugar de ablandar la piel.

Cuándo llamar al médico

• Si el niño tiene problemas con la visión.

• Si el orzuelo no mejora en una semana de compresas.

• Si la protuberancia se torna muy grande o sangra.

• Si la córnea enrojece.

• Si los orzuelos son recurrentes.

Paperas o parotiditis infecciosa

SUS COMPLICACIONES SON GRAVES

La parotiditis infecciosa es una afección viral que afecta a niños mayores de dos años. Si no se la trata a tiempo, genera graves complicaciones, como meningitis viral, sordera, encefalitis, pancreatitis, inflamación de los ovarios y de los testículos. Una vez contraída la enfermedad, la persona adquiere inmunidad total contra el virus que la provoca.

Formas de contagio

Su contagio es por contacto directo con una persona enferma.

Síntomas

• Fiebre.

• Inflamación de las glándulas salivales que están debajo de la mandíbula.

• En ocasiones, dolor de oídos.

• En algunos casos, puede ser asintomática.

Tratamiento

La parotiditis no posee un tratamiento específico, pero una vez confirmado el diagnóstico, el médico seguramente recomiende reposo y un analgésico para bajar la fiebre y para calmar los dolores al tragar.

> **Debido a las posibles complicaciones es necesaria la visita frecuente del médico hasta que el niño se cure.**

Recomendaciones

Aplicar la vacuna MMR contemplada dentro del plan de vacunación oficial, es la mejor recomendación.

Evite

• No desatienda los síntomas.

Pediculosis

El piojo es un insecto parásito que se alimenta de la sangre que succiona del cuero cabelludo. Vive alrededor de 40 días en la cabeza y sobrevive entre 12 y 24 horas fuera de su habitat. Generalmente se ubica detrás de las orejas y en la nuca. Pone 55 huevos a lo largo de su vida, comúnmente llamados liendres, que fija firmemente al cabello con un cemento que evita que se desprendan con facilidad.

Formas de contagio

Por contacto de cabeza a cabeza o con objetos contaminados, como almohadas, sombreros o cepillos de pelos.

Síntomas

• Puntos blancos (liendres) pegados en los cabellos, cerca del cuero cabelludo y que cuesta desprenderlos.

• Picazón y eccema producida por las picaduras de los piojos.

Tratamiento

Una vez confirmada la presencia de piojos mediante la revisación de la cabeza, el médico recomendará productos de venta libre para extraerlos. Debido a la continua y/o mala utilización de dichos productos, los piojos han desarrollado una resistencia a los mismos. Si el adulto sabe detectarlos, no es necesaria la intervención del médico. Bastará con consultarle al farmacéutico qué remedio comprar. Existen varias presentaciones en forma de loción, champú e incluso acondicionador de cabello.

> **Es imprescindible la extracción de las liendres y los parásitos ya sea en forma manual o con un peine fino de manera diaria hasta que desaparezcan. Recuerde limpiar bien el peine luego de su utilización para que no quede ninguna liendre o piojo**

Recomendaciones

• Si el pequeño está en edad escolar, revíselo periódicamente. Los establecimientos educativos así también como las colonias de vacaciones son fuentes inexorables de contagio.

• Pida en la escuela que tomen medidas de prevención, por ejemplo, que revisen las colchonetas en donde los pequeños descansan o duermen la siesta.

• Si es menor a dos años, consulte con el pediatra qué producto utilizar. Algunos son muy fuertes para niños pequeños y pueden generar toxicidad.

• Revise a todos los integrantes de la familia si detecta a alguno con piojos.

• Una loción con *Cuassia amarga* (palo amargo), o unas gotas de aceite esencial de la planta *Melaleuca alternifolia* (cayeput) en el peine fino o dentro del champú, pueden ser un buen antiséptico natural para utilizar como preventivo.

• Lavar el pelo con vinagre sirve también para ahuyentar estos parásitos.

Evite

• Los niños que tienen piojos no deben compartir almohadas, sombreros, cepillos y peines de cabello.

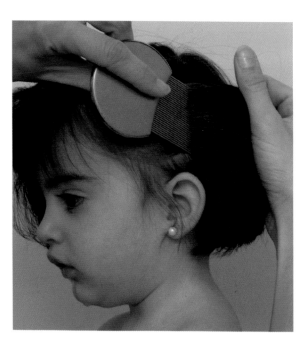

2

Quinta enfermedad o eritema infeccioso

La quinta enfermedad es una infección contagiosa provocada por el parvovirus humano B19. Suele presentarse en primavera y se caracteriza por la aparición de manchas rojas que comienzan en las mejillas (se asimilan a una bofetada) y luego se extienden al resto del cuerpo. La erupción que se presenta en el tronco, en los brazos y en las piernas tiene una apariencia característica como de sarpullido en forma de cordón. Nunca brota en la palma de las manos y la planta de los pies, no produce prurito y suele empeorar si se expone al enfermo al sol o a altas temperaturas. Puede reaparecer al cabo de unas semanas. Es muy común en niños y adolescentes.

Formas de contagio

Se contagia por las gotitas de la saliva (en la tos o los estornudos), o de madre a feto en el período de gestación.

Síntomas

• El síntoma más evidente es el enrojecimiento de las mejillas y la erupción posterior.

• Además, el niño levanta poca fiebre y siente un malestar leve.

Tratamiento

La confirmación del diagnóstico se basa en la revisación médica en el consultorio. Como toda enfermedad virósica, el especialista recomendará que el niño permanezca en el hogar y no recetará ningún antibiótico. La enfermedad debería curarse dentro de la semana posterior a la aparición del sarpullido.

Recomendaciones

Si el niño se encuentra en edad escolar, avise al establecimiento sobre la enfermedad.

Evite

• Evite la exposición del enfermo al sol.

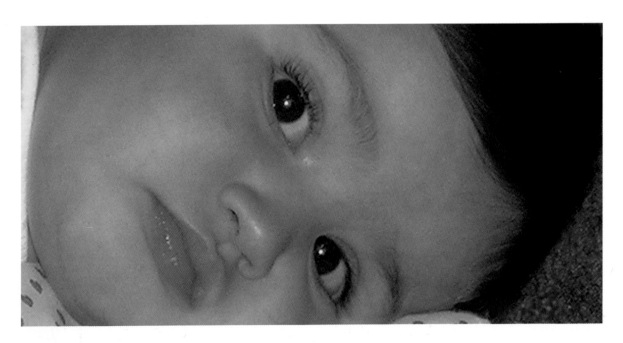

Reflujo gastroesofágico

Las regurgitaciones en los recién nacidos son comunes. Suelen suceder luego de cada toma. Generalmente se debe al exceso de leche ingerida o a la presencia de aire en el estómago. Por otra parte, los niños menores a un año poseen el esfínter esofágico (la válvula que no permite que los alimentos suban nuevamente a la boca) inmaduro, lo que facilita la regurgitación.

Pero si el reflujo es copioso, continuo y mantiene al niño irritado, puede existir otro motivo y desembocar en un trastorno.

Cuando se habla de reflujo gastroesofágico, significa que los alimentos ingeridos vuelven del estómago hacia el esófago con jugos gástricos. Dichos jugos son ácidos y generan mucho malestar y ardor en el niño. Si no se trata, con el curso del tiempo pueden hacer perder peso al bebé e incluso dañar la pared del esófago.

Síntomas

• Gran producción de saliva.

• Vómitos copiosos que se proyectan a gran distancia.

• Llanto e irritabilidad luego de los vómitos.

• Pérdida de peso.

• Dificultad para conciliar el sueño.

• En niños menores a seis meses, es posible el broncoespasmo como consecuencia del reflujo.

Tratamiento

Como primera medida, seguramente el médico le preguntará a la madre los hábitos de alimentación del niño.

En esa consulta, el especialista buscará clarificar si el reflujo es producto de una mala o sobrealimentación.

Luego le recomendará a los padres darle de comer al niño en una posición más sentada que acostada. Como segunda medida, es probable que fraccione la cantidad de leche en porciones más pequeñas, pero a intervalos más seguidos.

Por último, si es necesario, buscará reemplazar la leche utilizada por alguna fórmula maternizada con medicamentos antireflujos.

Si todo esto no funciona, es probable que el médico solicite un par de análisis para averiguar si el motivo del reflujo es una malformación anatómica o no, y si es necesario una cirugía correctiva.

Recomendaciones

• No movilice al niño luego de comer.

• Manténgalo erguido por un tiempo para dificultar la subida de la leche.

• Consulte con su médico si a partir del quinto mes puede incluir una cucharadita de fécula de maíz en la mamadera para espesar la leche y así evitar el ascenso del líquido por el esófago.

• Consulte con su pediatra la posibilidad de reemplazar algunas tomas de leche por yogur natural.

• Coloque una almohada debajo del niño para que no esté muy recostado.

Evite

• Si el reflujo continúa luego de los seis meses, no alimente al niño con comidas muy calientes o sobrecondimentadas.

Resfrío

El resfrío es una infección vírica del revestimiento de la nariz, la garganta y las grandes vías respiratorias. Suele aparecer a comienzos de la primavera, en el verano y en el otoño. No se conoce el motivo por el cual algunas personas son más propensas que otras para contraerlo aunque se sabe que los alérgicos y los que se encuentran cansados, con su sistema inmunológico deprimido o en situaciones estresantes, son más susceptibles de contraerlo. El frío no favorece el resfrío.

El resfrío disminuye las defensas del cuerpo, lo que facilita la aparición de infecciones bacterianas como la otitis, la angina o la neumonía.

Formas de contagio

Por contacto directo o por las gotitas de saliva que se propagan a través de la tos o los estornudos.

Síntomas

- Estornudos.
- Fiebre ligera.
- Tos y secreción nasal.
- Frecuentes el dolor de garganta y el dolor de cabeza.

Tratamiento

Generalmente los resfríos se curan solos, dentro de los cuatro o cinco días desde su aparición. Si el niño se siente desganado, es probable que el médico recomiende reposo. Seguramente recete paracetamol para reducir la fiebre y los dolores en general; y un antitusivo si el niño no puede dormir a causa de la tos.

Recomendaciones

- Ofrézcale abundante líquido ya que evita la deshidratación producida por la fiebre.
- Mantenga el aire húmedo de la habitación para facilitarle la respiración.
- Dele jugos de naranja para aportarle vitamina C.
- Los baños de inmersión con aceite esencial de tomillo pueden facilitar la respiración por las vías nasales congestionadas.
- Enseñe a todos los integrantes de la familia a mantener buenos hábitos de higiene.
- No mantenga pañuelos sucios sin lavar o pañuelos descartables usados en los cestos de los dormitorios.
- Si es un bebé, levántele la cabeza con un almohadón debajo del colchón para que duerma semisentado. De esa manera evitará que las secreciones mucosas se estanquen en la zona y dificulten su respiración.

Evite

- Evite el contacto de una persona resfriada con bebés pequeños.
- El enfermo no debe compartir vasos ni otros utensilios que puedan contagiar a otras personas.

Rubéola

También conocida como "Sarampión alemán", la rubéola es una enfermedad infectocontagiosa común en la infancia. Suele aparecer en la primavera. Se caracteriza por una erupción que dura tres días, que comienza en la cara y luego se extiende al tronco. Además aparecen manchas rosadas en el paladar que luego se funden en una placa que se propaga hasta la parte posterior de la boca.

> En niños pequeños, la rubéola no produce daños, pero el principal peligro es para las embarazadas porque el contagio durante los primeros meses de gestación puede producir abortos o malformaciones en el bebé.

Formas de contagio

Se transmite por contacto directo o por las gotitas de la saliva presentes en al tos y los estornudos.

Síntomas

• Erupción leve y rosada en todo el cuerpo.

• Manchas rojas en el paladar y la garganta.

• Dolor articular e inflamación de las glándulas que se ubican en el cuello o detrás de las orejas.

Tratamiento

No existen fármacos para tratar la rubéola. Seguramente el médico recomiende mantener al niño cómodo en el hogar y tomar precauciones para evitar contagios.

Recomendaciones

Aplicar la vacuna MMR, contemplada dentro del plan de vacunación oficial.

Sarampión

El sarampión es una enfermedad viral muy contagiosa en niños. Gracias a la vacunación de la mayor parte de la población se han reducido considerablemente los casos. Es importante no minimizar la enfermedad ya que sin un buen tratamiento puede derivar en neumonías, convulsiones febriles, otitis media y encefalitis.

Formas de contagio

Se contagia de persona a persona o por contacto con objetos contaminados.

Síntomas

- Fiebre alta.

- Tos.

- Goteo nasal.

- Ojos enrojecidos y malestar general.

- Sarpullido rosa y marrón, que primero aparece detrás de las orejas y luego se extiende a todo el cuerpo.

- Manchas blancas dentro de la boca (Manchas de Koplik).

- En algunos casos, inflamación de los ganglios linfáticos.

Tratamiento

Como toda enfermedad virósica, el médico no podrá recetar fármacos para matar el virus. Seguramente recomiende reposo y un antipirético para bajar la fiebre.

Si su hijo padece el brote desde hace dos días y no está inmunizado contra la enfermedad, es posible que su pediatra le recete la vacuna MMR.

Recomendaciones

Mantenga al día el carnet de vacunación de su hijo.

Si su hijo se encuentra en edad escolar, informe sobre el estado del niño.

Evite

No administre aspirinas a un niño menor de 12 años ya que puede contraer el síndrome de Reye.

Sarna

La sarna humana es una infestación de la piel producida por un ácaro que ataca tanto a niños como a adultos. Suele aparecen en el pecho, el abdomen, los brazos, los muslos, en la cara anterior de las muñecas, entre los dedos, en las axilas y los codos, zona mamaria, área periumbilical, y en los pies.

En lactantes también afecta la cabeza, las palmas de las manos y las plantas de los pies.

Formas de contagio

Se transmite de persona a persona o por objetos contaminados, como ropa, sábanas y toallas. El ácaro sólo sobrevive 48 horas fuera del hombre.

Síntomas

• Intenso prurito, acentuado por las noches.

• Lesiones aisladas o en forma de canales o túneles.

• Pápulas y vesículas en las caras laterales de los dedos y en las palmas de las manos y las plantas de los pies en los lactantes.

• Costras e infecciones bacterianas por el rascado.

Tratamiento

Una vez confirmado, el médico recetará una crema o loción que buscará matar el ácaro. Generalmente estos fármacos se aplican en el cuerpo seco y se dejan actuar un lapso prolongado, luego del cual deberá lavarse con agua y jabón.

Seguramente el pediatra indique el tratamiento para toda la familia.

Recomendaciones

• Lave la ropa, las sábanas y las toallas de todos los integrantes de la casa para desinfectarlas de la posible presencia de ácaros.

• Planche a altas temperaturas.

• Consulte con el médico cómo debe actuar si hay bebés en el hogar.

Evite

• No administre medicamentos sin receta médica. Algunas de las cremas para curar la sarna son tóxicas en bebés y en mujeres embarazadas.

Síndrome de muerte súbita del lactante

El síndrome de muerte súbita del lactante es la muerte repentina e inesperada de un niño aparentemente sano. Aunque no se saben las causas que lo producen, suele haber ciertos factores que coinciden en la mayoría de los casos.

Factores que inciden en el SMSL

• Padres fumadores, alcohólicos y/o drogadictos.

• Niños que se encontraban durmiendo boca abajo.

• Niños prematuros o que necesitaron asistencia respiratoria al nacer.

• Familias de bajos ingresos.

• Meses de invierno.

• El 90% de los casos ocurre entre el segundo y el cuarto mes de vida.

Las madres que fuman durante la gestación triplican el riesgo de que su hijo muera por SMSL.

Las personas que fuman dentro del ambiente en donde duerme el niño duplican las posibilidades de que el niño muera por SMSL.

Fuente: www.sids.org.ar

Recomendaciones

Recueste al niño boca arriba.

• La temperatura del ambiente donde duerme el bebé debe ser confortable. Ni muy baja, ni muy alta.

• Acueste al pequeño de manera que los pies toquen el borde de la cuna. De esa manera evitará que se deslice debajo de la ropa de cama.

• No tape al niño con cobertores pesados. Procure que la cabeza no quede cubierta por sábanas o por frazadas.

• Si es posible, reemplace la frazada por un pijama abrigado, pero no pesado.

• No coloque muñecos de felpa o almohadas cerca de la cabeza del lactante.

• Utilice un colchón duro y firme. No ubique mantas o plumones mullidos debajo del mismo.

• Permita que el bebé duerma en su cuna, dentro del cuarto de los padres hasta que cumpla los seis meses.

Evite

• Evite dormir con el niño en la misma cama.

• No acueste al bebé en un sillón porque podría ahogarse entre los almohadones o caerse al piso.

• Restrinja el ingreso de fumadores a su hogar.

• Si algún integrante de la familia es adicto al cigarrillo, aliéntelo a dejar el hábito.

Síndrome de Reye

MUY GRAVE

El síndrome de Reye es una enfermedad rara muy grave, comúnmente mortal. Se caracteriza por la inflamación del cerebro y la acumulación de grasa en el hígado. Generalmente, aparece luego de una enfermedad de tipo viral, como la varicela o la gripe.

> Existe una asociación entre las enfermedades virales y el ácido acetilsalicílico que predispone a contraerla. El uso de la aspirina incrementa treinta y cinco veces la posibilidad de desarrollarla. Es por eso que no debe administrarse este fármaco a niños pequeños.

Síntomas

• Suele aparecer luego de una infección vírica como varicela o gripe.

• Náuseas.

• Vómitos incontrolables.

• Confusión y delirios.

• Convulsiones y, por último, coma.

Tratamiento

Su tratamiento requiere hospitalización ya que es una enfermedad muy grave que necesita de un tratamiento intensivo.

Recomendaciones

No administre ácido acetilsalicílico a menores de doce años.

Evite

• No medique al niño sin consulta médica previa.

Tétanos

MUY GRAVE

El tétanos es una enfermedad causada por una toxina que produce la bacteria *Clostridium tetani*. Esta bacteria puede vivir durante años en la tierra o en las heces de los animales. Si una persona se quema o se corta y no higieniza correctamente la herida, corre el riesgo de que se infecte y la bacteria penetre en su organismo.

Si sus esporas entran en una herida más allá del alcance del oxígeno, germinan y producen la toxina que interfiere en los nervios que controlan los músculos.

A medida que avanza la enfermedad, el paciente tiene espasmos musculares que le impiden moverse, hablar e incluso respirar, lo que produce asfixia.

El tétanos es una enfermedad altamente mortal y la mejor forma de evitarla es mediante la vacunación preventiva que se encuentra dentro del calendario de vacunación oficial. Los adultos deberían reforzar la dosis de la vacuna antitetánica cada 5 o 10 años.

Síntomas

• Herida o quemadura infectada.

• Rigidez en la mandíbula.

• Dificultad para tragar.

• Dolor de garganta.

• Fiebre.

• Escalofríos.

• Rigidez en la nuca, los brazos y las piernas.

• Espasmos musculares en todo el cuerpo.

• Los espasmos en los músculos abdominales, el cuello y la espalda forman una postura característica en el cual el cuerpo se arquea hacia delante, y la cabeza y los talones hacia atrás.

• El espasmo en el control de esfínteres provoca retención de orina y estreñimiento.

Tratamiento

Su tratamiento requiere hospitalización ya que es una enfermedad muy grave.

El médico administrará remedios antibióticos para controlar las bacterias y sus toxinas, y anticonvulsivos para evitar los espasmos musculares. Además, el paciente deberá recibir asistencia respiratoria mecánica y alimentación por vía intravenosa.

Recomendaciones

Vacune al niño contra el tétanos.

Enséñele a lavarse las heridas con agua y jabón a fin de evitar que la bacteria entre en el organismo.

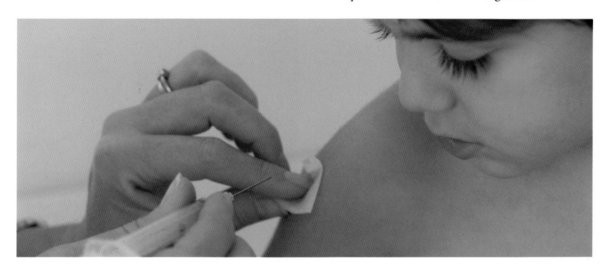

Tos ferina

GRAVE

La tos convulsa, conocida también como "tos ferina", es provocada por la bacteria *Bordatella pertussis*. Se caracteriza por un cuadro inflamatorio de las vías respiratorias que da lugar a crisis de tos persistentes que son extremadamente peligrosas en niños pequeños. La enfermedad comienza como un resfrío común que va empeorando a la semana de haberlo contraído. Los ataques de tos suelen ser sucesivos y acompañados por una inspiración forzada y ruidosa. En muchos casos, el enfermo termina vomitando.

Su padecimiento brinda inmunidad, pero es una enfermedad muy grave que puede poner en riesgo de vida a la persona.

Dentro de las complicaciones se encuentran la neumonía, la otitis, el neumotórax, el prolapso rectal, la hernia de ombligo y lesiones neurológicas en bebés por falta de oxígeno durante los ataques de tos.

Formas de contagio

Es una enfermedad altamente contagiosa que se traspasa por las gotitas de saliva expulsadas por el niño al toser.

Síntomas

- Estornudos y goteo nasal.
- Ojos llorosos.
- Falta de apetito.
- Apatía.
- Luego accesos de tos seca y persistente.
- Mucosidad espesa.
- Dificultad en la respiración.
- Apneas y hasta cianosis.

Tratamiento

En niños menores de un año, es necesaria su hospitalización. Generalmente en esos casos, se los lleva a cuidados intensivos en donde se les aplica asistencia respiratoria, se les extrae la mucosidad de los pulmones y se les administra fluidos y alimentos por vía intravenosa. Además se utilizan antibióticos para combatir las infecciones que acompañan a la tos ferina, como la bronconeumonía y la otitis.

Recomendaciones

La vacuna contra la tos ferina se encuentra dentro del calendario nacional de vacunación. Manténgalo al día.

Consulte al médico si el niño padece de tos y o gripe.

Evite

- No administre remedios para la tos sin consulta médica previa.

Varicela

La varicela es una enfermedad eruptiva de tipo viral que tiene hasta tres semanas de incubación. Es producida por el virus *Varicella zóster*. Se caracteriza por la aparición de vesículas que pican. Las manchas aparecen por lo general en el tronco y en la cara y son similares a la roncha de un mosquito. Luego de un par de días las vesículas comienzan a supurar. Por último, se transforman en costras que luego se descaman y desaparecen al cabo de una semana.

Formas de contagio

Es muy contagiosa y se transmite por las vías aéreas o por materiales infectados (toallas, cubiertos, vasos).

Síntomas

- Sensación de malestar general.
- Fiebre ligera.
- Aparición de vesículas que pican.

Tratamiento

Generalmente la varicela no se cura con medicamentos. Es posible que el médico recete una loción de calamina para aliviar la picazón. En algunos casos, el pediatra puede administrar un fármaco antiviral llamado aciclovir. Una vez que se la padece, la persona queda inmunizada de por vida.

Recomendaciones

Para evitar el rascado y las posteriores lesiones, unte al niño con loción de calamina. El baño tibio con bicarbonato de sodio también calma la picazón.

Evite

- Evite, en lo posible, que el niño se rasque para que no queden cicatrices en la piel.

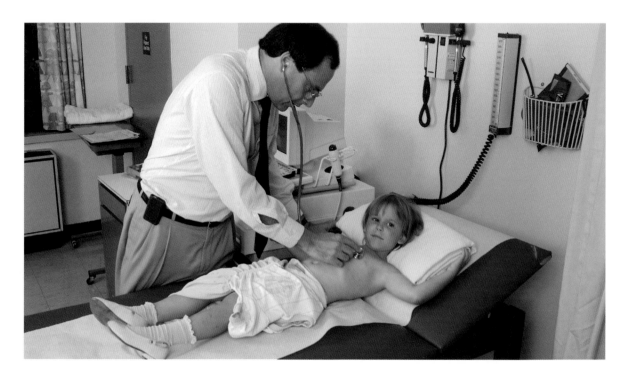

Verrugas

La verruga es una lesión por lo general benigna, producida por el virus del papiloma humano (HPV). La padece entre el 7 y el 10 % de la población. Existen cinco tipos de verrugas: vulgar, filiforme, digitada, planas, plantares y condilomas acumulados. Algunas son pruriginosas, otras dolorosas, y las vulgares suelen infectarse por su localización en el cuerpo y la exposición a traumatismos.

La evolución de las mismas es impredecible. Mientras que en algunos casos desaparecen entre los tres y seis meses posteriores a su comienzo, en otras personas perduran por años.

Formas de contagio

Al rascarse y por contacto directo con las lesiones.

Síntomas

Verruga vulgar

• Lesión vegetante, sobreelevada, con un puntillado negro en su superficie.

• Se manifiestan generalmente en el dorso de las manos y las rodillas. Aunque se diseminan a través del contagio por todo el cuerpo.

Verrugas filiformes

• Prolongaciones finas, blandas y con hiperqueratosis en su extremo. Se localizan en el cuello y la cara.

Verrugas digitadas

• Son prolongaciones blandas de color piel, en cuyo extremo se observan digitaciones hiperqueratósicas pequeñas. Se localizan en la cara, párpados, ala de la nariz, cuello y cuero cabelludo.

Verrugas planas

• Son pápulas poligonales pequeñas, de color piel o amarillo grisáceo. Cuando involucionan son pruriginosas.

Verrugas plantares

• Las verrugas plantares en mosaico son múltiples lesiones del tamaño de la cabeza de un alfiler alrededor de una más grande.

• Son redondas e hiperqueratósicas. Se caracterizan por puntos sangrantes y duelen con la presión, por ejemplo, al caminar.

• Cuesta erradicarlas.

Tratamiento

El tratamiento varía según la edad, la condición del paciente y la ubicación de las verrugas. Según el diagnóstico del médico, éste elegirá si le receta una solución con ácido salicílico y ácido láctico de aplicación local, o las elimina mediante una criocirugía o electrocoagulación.

Recomendaciones

Es importante cuidar la piel adyacente a las verrugas cuando se les coloca el tópico, ya que son fármacos fuertes que suelen quemar la piel.

Si las verrugas son pruriginosas, procure mantener las uñas del niño cortas y limpias para evitar el contagio a otras zonas del cuerpo.

Evite

• No utilice tópicos sin receta médica.

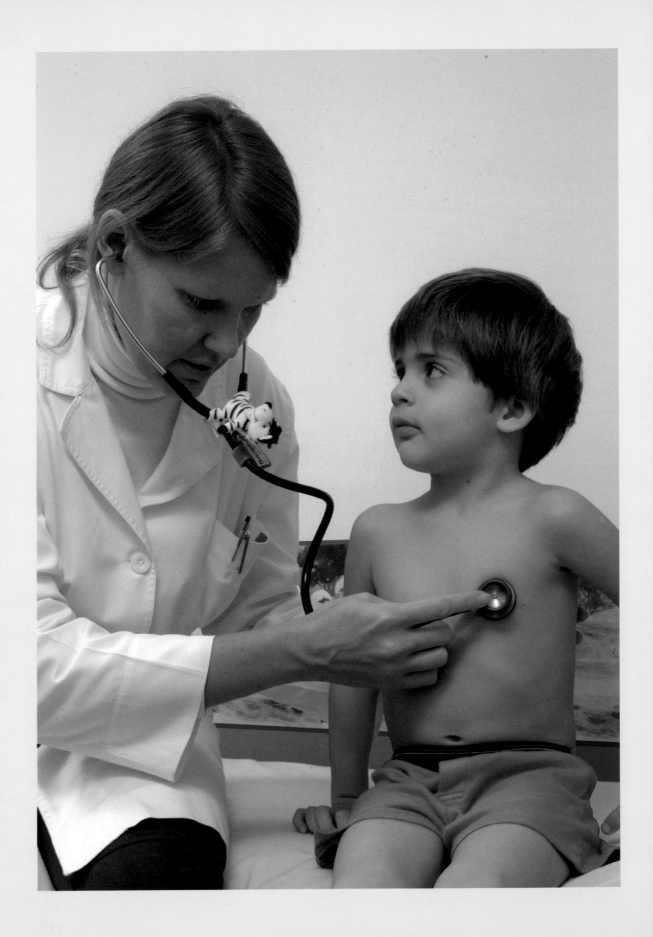

Apéndice

La elección del pediatra

La elección del pediatra deberá ser en función a la ubicación de su consultorio, o sanatorio, la obra social o servicio médico -si es que la familia tiene- y el trato amable y confiable que el especialista le dé.

Es importante que el médico esté disponible a las preguntas de los padres e incluso a las llamadas telefónicas cuando existan dudas sobre la salud del niño. Es recomendable un especialista que esté dispuesto a las consultas en el hogar cuando el niño se sienta muy mal o no sea posible movilizarlo hasta el consultorio.

Por otra parte, es fundamental que los padres se sientan cómodos con las terapias medicinales elegidas por el médico.

Recomendaciones para evitar experiencias negativas en el consultorio

• Pida turno con antelación.

• Evite que sea cerca de los horarios de comida o sueño.

• Lleve mudas de pañales, mamaderas auxiliares y algunas galletitas.

• Escriba todas las dudas que tenga sobre la salud de sus hijos.

• Explíquele al niño con anticipación adónde van a ir y qué le van a hacer.

Por ejemplo: *"Vamos a ir al médico para que te haga sentir mejor. Seguramente te revise y te pida que le muestres partes de tu cuerpo, como la boca, la garganta y los oídos. Sé que te vas a sentir ansioso, pero yo voy a estar cerca para acompañarte".*

ATENCIÓN

Si usted detecta una posible enfermedad, acuda al médico.

No administre un remedio sin receta médica.

Tenga en cuenta que algunas afecciones comparten la misma sintomatología, por eso se necesita la confirmación de un diagnóstico por especialistas.

La importancia de llevar una historia clínica de los niños

En muchas maternidades se entregan a los padres cuadernos de salud de los recién nacidos. En ese libro, los médicos anotarán a lo largo de toda su infancia, los datos importantes en la vida del niño.

Generalmente los especialistas asentarán la talla y el peso, y la circunferencia craneal (en su primer año de vida) para observar la evolución del niño y si hay o no anormalidades de crecimiento.

Además anotarán las enfermedades que haya padecido y si hay elementos que le producen alergia.

En muchos casos, la cartilla incluye una sección con el calendario de vacunación oficial para que los médicos y padres sigan, y los centros de vacunación asienten según la fecha de su aplicación.

Cómo darse cuenta de qué tiene el niño cuando todavía no sabe expresarlo

Una de los temas que más ansiedad genera en los padres es el niño que llora y que aún no habla.

Recomendaciones para tener en cuenta

• Si un bebé llora desconsoladamente, levántelo en sus brazos. Si al alzarlo se calla, sólo quería mimos. Aproveche, abrácelo, mézalo y bésalo.

• Si sigue llorando, controle que no tenga el pañal sucio, hambre o sueño.

• Si usted le dio de comer y vomita copiosamente y llora con más intensidad luego de vomitar, es probable que tenga reflujo.

• Si le cambió el pañal y verificó que no está paspado o irritado e intentó hacerlo dormir y sigue llorando, verifique si tiene cólicos, especialmente si es menor a tres meses.

• Si es mayor a tres meses y sigue llorando y tiene aspecto de estar caído, controle su temperatura.

• Si el niño se tira de las orejas o el llanto aumenta cuando usted presiona sobre su oído, es probable que haya contraído alguna infección en ese órgano.

• Si cuando usted presiona sobre su abdomen, incrementa el llanto, es posible que se trate de un dolor abdominal.

• Si tiene alrededor de seis meses, babea, las encías están hinchadas, tiene temperatura y hasta diarrea, es probable que le estén saliendo los dientes.

• Verifique si manifiesta alguna inflamación en la piel que le pueda indicar una infección bacteriana o una enfermedad eruptiva.

• Controle si tiene goteo nasal, la garganta roja o ruidos en la respiración que puedan referirse a alguna infección en el tracto respiratorio.

• Si hay otro integrante de la familia enfermo con algún padecimiento contagioso, tenga en cuenta esta posibilidad.

• Sienta su intuición materna.

Qué debe tener el botiquín hogareño

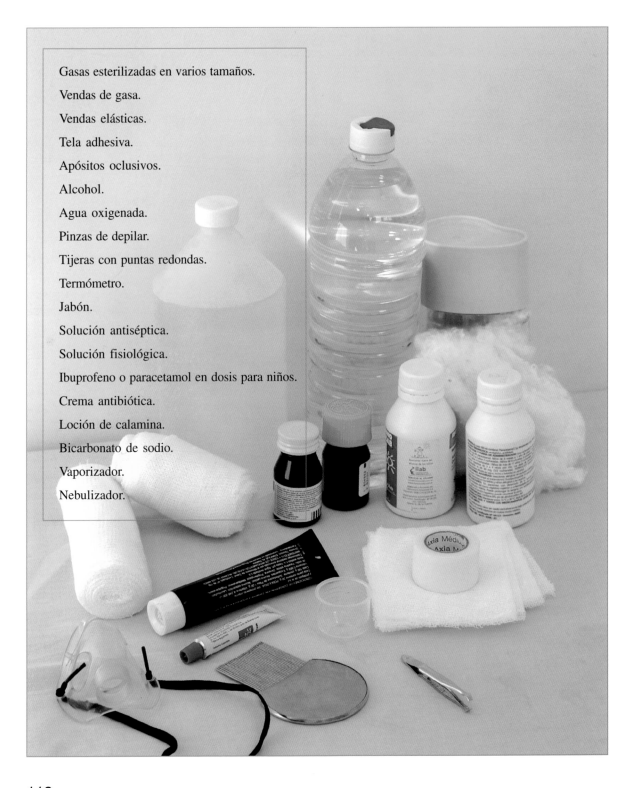

Gasas esterilizadas en varios tamaños.

Vendas de gasa.

Vendas elásticas.

Tela adhesiva.

Apósitos oclusivos.

Alcohol.

Agua oxigenada.

Pinzas de depilar.

Tijeras con puntas redondas.

Termómetro.

Jabón.

Solución antiséptica.

Solución fisiológica.

Ibuprofeno o paracetamol en dosis para niños.

Crema antibiótica.

Loción de calamina.

Bicarbonato de sodio.

Vaporizador.

Nebulizador.

Los cuidados de un niño enfermo

• Un niño enfermo necesita mucho cariño. Esté atento a lo que pide y hágalo sentir muy querido.

• Manténgalo cómodo. Vístalo con ropa confortable y no lo abrigue en demasía.

• La temperatura de la habitación debe ser agradable. Ni muy caliente ni muy fría.

• Consulte con el médico si debe quedarse en la cama o puede jugar tranquilo en la casa, sin necesidad de estar recostado.

• Pregúntele al niño si tiene hambre. Algunas enfermedades consumen muchas calorías y los pequeños necesitan reponerlas. Elija bien los alimentos que le va a dar. Si padece una inflamación de la garganta, consulte con el médico si puede servirle helado para reconfortarlo.

• Si se encuentra inapetente, no lo fuerce.

• Ofrézcale abundante líquido, ya que evitará la deshidratación producida por la fiebre que se manifiesta en muchas enfermedades.

• Consígale juegos o libros para pasar el tiempo.

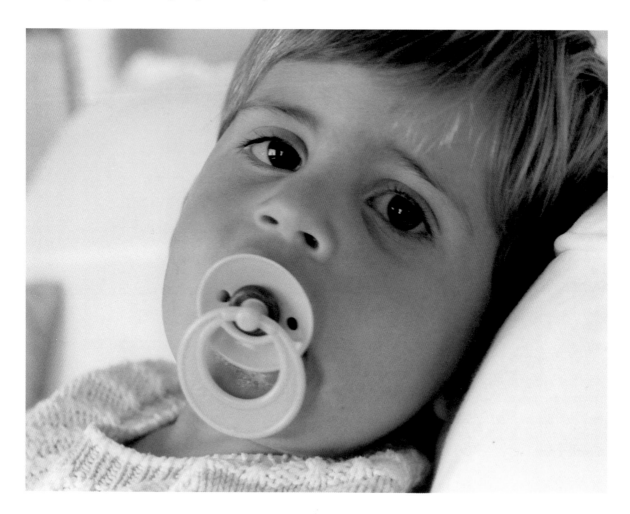

Cómo administrar la medicina a un niño

Es fundamental que se siga el tratamiento durante el tiempo determinado por el médico. Los antibióticos que se suspenden antes de lo establecido aunque el niño parezca sano, no terminan de curarlo y ésto vuelve más resistente al agente que produjo la enfermedad.

Precauciones para tener en cuenta

• No compre medicamentos sin receta médica.

• Si su hijo es alérgico a algún fármaco, como la penicilina, informe a su pediatra.

• Si la farmacia no tiene el remedio recetado, no lo reemplace por otro. Consulte a su médico.

• Revise si el producto está vencido, o cambió de consistencia y/o color.

• Controle en las etiquetas de los envases sobre los cuidados de almacenamiento de la droga como temperatura y duración del preparado.

• Administre la dosis exacta y anote las horas en que fueron suministradas.

• No le dé el remedio a un niño acostado ya que podría ahogarse. Incorpórelo.

• Si manifiesta alguna reacción adversa como prurito e incluso dificultades en la respiración, suspenda la administración y avise al médico inmediatamente.

Consejos para tener en cuenta

• En ocasiones enfriar el producto puede suavizar el sabor y hacer más fácil la ingesta por el niño.

• Otro recurso es mezclar el medicamento con un poco de jugo de fruta. No lo diluya en mucha cantidad porque corre el riesgo de que el niño no quiera todo el líquido y no ingiera la dosis necesaria.

Las papilas gustativas se concentran sobre el frente y el centro de la lengua. Si el medicamento va a ser administrado con:

• una cuchara, apunte hacia la parte de atrás de la boca.

• un cuentagotas o jeringa, diríjalo hacia la parte de atrás de las mejillas.

Si el niño se niega a recibir el remedio que necesita, pida ayuda para que otro lo sostenga mientras usted prepara la dosis.

Cómo tomarle la temperatura a un niño

• Hágalo cuando se encuentre tranquilo. Un niño alterado no ayudará en el proceso.

• Limpie el termómetro con agua fría y jabón o alcohol.

• Verifique la lectura del mercurio. Si se encuentra por encima de los 36 ºC, tome el termómetro entre el pulgar y el índice por el lado contrario a la ampolla de mercurio y agítelo hacia abajo para que baje la lectura a menos de 35 ºC. Cuide de no golpear el instrumento.

> Tenga en cuenta que las lecturas del termómetro suelen diferir en uno o dos grados, según el lugar en donde se midan. Las tomadas vía rectal suelen ser uno a dos grados superiores a la axilar. De manera que se considera normal una temperatura de:
>
> **37º C si es oral.**
>
> **37.6º C cuando es rectal.**
>
> **36.4º C cuando es axilar.**

Temperatura rectal

La temperatura rectal es la que da una idea más precisa de la temperatura corporal. Esta manera de medir se utiliza frecuentemente en niños pequeños que no tienen diarrea.

• Lubrique la ampolla de mercurio con vaselina y reserve sobre una gasa.

• Recueste al niño desnudo sobre su falda con la espalda hacia arriba.

• Distráigalo cantándole una canción o poniéndole un juguete delante para que observe.

• Con una mano ábrale los glúteos para que se vea bien el orificio rectal. Introduzca la ampolla del termómetro en el agujero anal. No intente meter el instrumento más de dos centímetros.

• Con una mano sostenga el termómetro y con la otra cierre las nalgas para que no se salga.

• Si el niño comienza a moverse y tiene miedo de que el instrumento se parta, retírelo.

• La lectura será válida luego de un minuto y muy precisa si permaneció dentro del cuerpo del niño dos minutos.

• Vista al niño y recuéstelo en un lugar seguro.

• Anote la hora y la temperatura.

• Lave el termómetro con agua y jabón.

Temperatura oral

Se puede comenzar a tomar la temperatura por esta vía cuando el niño sea lo suficientemente maduro como para sostener el instrumento entre los labios, pero no lo muerda.

• Introduzca el termómetro dentro de la boca del niño, por debajo de la lengua.

• Pídale que lo sostenga con los labios.

• La lectura será válida luego de cuatro minutos.

• Anote la hora y la temperatura.

• Lave y guarde el termómetro.

Temperatura axilar

• Corra la ropa para que no se interponga entre el termómetro y la zona axilar.

• Ubique el termómetro, baje y presione suavemente el brazo del niño para que el instrumento no se corra.

• Mantenga en esa posición durante cuatro minutos aproximadamente.

• Busque algo para entretenerlo y mantenerlo quieto.

• Luego de la lectura, anote los valores y la hora.

• Lave y guarde el instrumento.

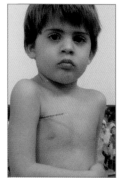

Cómo colocarle gotas en los ojos a un niño

- Si es un niño pequeño, pida ayuda a alguien para que lo sostenga.

- Empuje con suavidad hacia abajo el párpado inferior y coloque las gotitas necesarias.

- Voltee la cabeza hacia el costado del ojo enfermo para que el exceso del medicamento caiga por las mejillas y no hacia el otro ojo.

Cómo colocarle gotas en los oídos a un niño

- Si el niño es muy pequeño colóquelo sobre su regazo con el oído afectado hacia arriba, si no, recuéstelo en una cama con la cabeza encima de una almohada.

- Caliente entre sus manos las gotas óticas para que no le produzcan una sensación rara.

- Luego, coloque el gotero justo encima de la entrada del canal y deje caer suavemente las gotas.

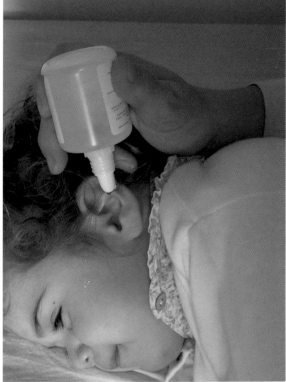

Datos útiles

Vacunas

Las vacunas tienen dos objetivos fundamentales:

1. Prevenir las enfermedades infecciosas a nivel individual y colectivo.

2. Conseguir la erradicación de dichas enfermedades. Se considera que una enfermedad está erradicada cuando ha desaparecido toda posibilidad de contagio.

Las vacunas se preparan a partir de gérmenes ya muertos de la enfermedad o microbios vivos a los que se les ha quitado su poder infeccioso sin perder su capacidad de provocar respuesta inmunitaria. Se administran por inyección o por vía oral.

Puede haber reacciones físicas luego de su aplicación, como malestar general, fiebre, hinchazón en el punto de inoculación, dolor, inflamación de ganglios y hasta erupción, como en el caso de la BCG.

Se debe comenzar con las vacunas al nacer y la mayor parte deben completarse hacia los dos años. De esa manera, cuando su hijo ingrese al jardín de infantes, ya estará inmunizado contra varias enfermedades contagiosas que pueden llevarlo a la muerte.

Vacuna BCG

La vacuna BCG protege a la persona contra la tuberculosis, que es una enfermedad infecciosa producida por el bacilo de Koch. Afecta principalmente a los pulmones, pero puede extenderse al sistema nervioso, los huesos, los ganglios y otros órganos.

Se transmite por inhalación de gotitas de saliva.

Es común que se forme un nódulo en el sitio de su aplicación. Este bulto puede ulcerarse y supurar dejando una cicatriz. El proceso puede durar hasta tres meses.

Vacuna MMR

Protege contra la paperas, la rubeola y el sarampión. Es una vacuna segura y altamente eficaz.

Vacuna Triple

Vacuna que inmuniza a la persona contra el tétanos, la difteria y la tos convulsa.

El tétanos es una enfermedad grave que causa rigidez en los músculos; puede provocar espasmos y dificultar la apertura de la boca. Tres de cada diez casos son mortales.

La difteria es una enfermedad seria que puede causar fiebre, debilidad, dificultad respiratoria y, a veces, insuficiencia cardíaca o parálisis. Uno de cada diez casos es mortal.

La tos convulsa o Pertussis es una enfermedad infecciosa que causa episodios severos de tos paroxística y silbido respiratorio que pueden dificultar que el niño coma, beba o respire.

Vacuna Cuádruple

Es la misma que la triple, pero se le suma la protección contra el virus Haemophilus influenza tipo B, que provoca entre otras enfermedades, la Meningitis bacteriana de tipo B; la septicemia; la neumonía en menores de cinco años y la artritis. (La vacuna contra la meningitis todavía no está incluida dentro del calendario de vacunación oficial.)

Vacuna Quíntuple

Es la vacuna cuádruple más la inmunización contra la poliomielitis.

Vacuna Sabin

Previene la poliomielitis, que es una enfermedad viral que afecta a uno o varios grupos musculares pudiendo producir parálisis grave.

Es administrada vía oral. Está contraindicada en niños con alteración de la inmunidad, y en personas con tratamientos prolongados con drogas que alteren la inmunidad.

Vacuna Hepatitis B

Recientemente incorporada al calendario oficial. La vacuna contra la hepatitis B previene el desarrollo de la enfermedad hepática aguda y crónica. Puede causar cirrosis hepática, hepatitis fulminante y cáncer de hígado.

La hepatitis B produce más de dos millones de muertes al año y 50 millones de portadores crónicos del virus. El virus de la hepatitis B es cien veces más infeccioso que el virus del sida.

Otras vacunas recomendadas

Vacuna Hepatitis A

La vacuna protege contra una infección viral del hígado. Es fatal en uno de cada mil casos. No hay tratamiento específico para combatirla.

Se recomienda la vacunación en niños pequeños porque presentan un riesgo particular de infección, ya que no son muy conscientes de las precauciones higiénicas.

Vacuna antivaricela

Si bien se la considera una enfermedad benigna dentro de la infancia, puede ocasionar complicaciones serias, tales como sobreinfección bacteriana, hepatitis, artritis y glomeruloenfritis. Se recomienda vacunar contra la varicela a partir del año de vida a los niños que no hayan padecido la enfermedad. Una sola dosis es suficiente si se aplica antes de los 13 años de edad.

Calendario de vacunación

Edad	BCG Tuberculosis	Hepatitis B	Sabin Poliomielitis	Cuádruple Triple H Influenza tipo B	Triple viral Sarampión Rubeola-Paperas	Triple Difteria - Tétanos Pertussis	Doble Difteria Tétanos
Recién nacido	1ª dosis	1ª dosis					
2 meses		2ª dosis	1ª dosis	1ª dosis			
4 meses			2ª dosis	2ª dosis			
6 meses		3ª dosis	3ª dosis	3ª dosis			
15 meses					1ª dosis		
18 meses			Refuerzo	Refuerzo			
Ingreso escolar	Refuerzo		Refuerzo		2ª dosis	Refuerzo	
16 años							Refuerzo
Cada 10 años							Refuerzo

Fuente: Ministerio de Salud Pública de la Nación.

Claves para tener en cuenta

• Puede aplicarse más de una vacuna el mismo día.

• Los niños pueden bañarse y realizar cualquier actividad después de vacunarse.

• Las vacunas pueden ser aplicadas aunque el niño tenga catarro o diarrea.

• El niño que reciba la vacuna Sabin deberá tener media hora de ayuno antes y después de la administración de la vacuna. Si el niño vomita durante los 20 minutos posteriores a su administración, se deberá repetir la dosis.

• No debe vacunarse cuando el niño padece fiebre alta.

Bibliografía consultada

Larralde de Luna. *Dermatología neonatal y pediátrica*. Buenos Aires, Ediciones Médicas, 1995.

Silvia Pueyo de Casabe y José Antonio Máximo. *Dermatología infantil en la clínica pediátrica*.

Jorge César Martínez. *El increíble universo del recién nacido*. Buenos Aires, Lidium, 1993.

Arlene Eisenberg, Heide E. Murkoff y Sandee E. Hathaway. *El primer año del bebé*. Colombia, Norma, 1996.

María Inés Soldano, Gabriela Gazulla, Adela Lo Celso. *Guía práctica para padres*. Buenos Aires, Albatros, 2004.

Merck Sharp & Dohme. *Manual Merck de información médica para el hogar*. Barcelona, Océano, 1997.

Sitios web consultados

www.cancer.gov/espanol/pdq/tratamiento/leucemia-linfoblastica-infantil/patient/#top (22/12/2004)

http://www.nlm.nih.gov/medlineplus/spanish/ency/article/000145.htm (15/01/2005)

www.sids.org.ar (21-01-2005)

www.proteccióncivil.org (25/01/2005)

www.medlineplus.com (US National Library of Medicine and the National Institutes of Health)

www.guti.gov.ar. Sitio del Hospital de niños Ricardo Gutiérrez (31/01/2005)

Médicos consultados

Dra. Mariana Adeja (mat. nacional nro. 93217, mat. provincial nro. 225598)

Dra. Fernanda Lasa (mat. nacional nro. 82066, mat. provincial nro. 447592)

Dra. Ana María Tamagnone (mat. nacional nro. 85007, mat. provincial nro. 446084)

Dr. Federico Huidobro (mat. nacional nro. 35187, mat. provincial nro. 44232)

Agradecimientos

Enfermera Lala (Enfermería de Los Lagartos C.C.)

María Agustina y María Belén Castellaro

Tomás, Ignacio y Sofía Montefiore

Juan Sebastián y Guadalupe María Helou

Vanina Puey

Ramiro Puey

Felipe García Shickendantz

M. Mercedes Delía

Manuel Oscar Delpino

Dr. Carlos Castellaro

Dra. Ana Espasandín de Montefiore

Dra. Mara Nagel